Leangen gård, hovedfasaden. Gården har siden 1963 tilhørt Trondheim kommune og benyttes som representasjonslokaler og kurssenter

Denne boken omhandler i hovedsak bevarte, storslagne byggverk som ble oppført i byen og dens nære omegn i løpet av annen halvdel av 1700-tallet og første del av 1800-årene. Disse anleggene har alltid vært kjente og kjære trekk i omgivelsene for den lokale befolkning, og gjenstand for beundring fra norske og utenlandske tilreisende. De er idag høyt verdsatt som kulturminner, også i landsmålestokk, og de fleste er fredet.

Bokens hovedtema finnes behandlet i tidligere publikasjoner. Dette er imidlertid første gang det presenteres i en omfattende, populær fremstilling. Boken er gjennomillustrert med nye fotografier av fremragende kvalitet. Kommunen har støttet utgivelsen og vil benytte boken til inspirasjon og glede.

I tillegg til å være året for byens 1000-årsjubileum, er 1997 også et nasjonalt kulturminneår. Begge disse omstendigheter maner til å tenke både bakover og fremover i tid.

I det gamle byområdet ble det aller meste av bebyggelsen utslettet ved de store brannene i 1840-årene. Av den bygningsmasse som ble stående igjen, har svært mye gått tapt i ettertid – det meste i løpet av de siste femti år. Også store deler av den øvrige eldre bebyggelse i kommunen har vært gjenstand for omfattende endringer i dette tidsrom. Noe har brent, men de langt fleste endringer er bevisst utført i «framskrittets» navn. Likevel kan vi idag beklage en del av det som er blitt gjort – først og fremst fordi det allmenne verdisynet har endret seg. Denne utvikling vil utvilsomt fortsette. Ved forvaltningen av vår arv av stort og smått fra fortiden, bør man derfor alltid ha i tankene at den som sådan er uerstattelig.

Det offentlige kan i noen grad bidra til å ta vare på våre kulturminner, men aktive og interesserte eiere er i de fleste tilfeller den beste forutsetning for en varsom og kontinuerlig pleie.

The Golden Age of Trondheim
– Gullalder 1760–1860

Tekst Lars Fasting
Foto Jiri Havran

English translation Richard Nelson

ARFO · Oslo 1997

Stiftsgårdens hovedinngang fra Munkegata. Trappa er rikt utformet i kleberstein. Smijernsrekkverket i rokokko har fru Schøllers forgylte dobbeltmonogram med grevekrone over

Stiftgården's main entrance from Munkegata. The ornate design of the steps in soapstone. The Rococo wrought ironwork has Mrs Schøller's gilded double monogram with the coronet above

INNHOLD/CONTENT

BAKGRUNN

I 1778 innvies et av de største trehus verden har sett, ved Munkegata i Trondheim. En pengemektig dame ved navn Cicilie Christine Schøller kan invitere til storslått selskap og overstråle sin venninne fru Mølmann som noen få år før hadde fått oppført et pompøst trepalé lenger oppe i gata. Det var først og fremst disse to bygningene som fikk rektor ved Trondhjems katedralskole, Laurids Smith, til å skrive til en kollega i København:

«Blandt de forskjellige Aarsager til Skovenes Ødelæggelse her i Stiftet bør med Billighed henføres den Overdaadighed som har befængt Menneskene her i Byen, at opføre Slotte af Træ i Steden for jevne Borgerhuse. Vi have adskillige Gaarde, opført i den senere Tid, hvoraf enhver har maattet medtage en heel Skov, og deribladt er Stiftamtmandinde Mølmanns og især Geheimeraadinde Schøllers Gaarde uhyre Træmasser.» Og det var nok en god del trær som måtte felles og bearbeides til tømmervegger, golvbjelker, takstoler, golvbord og panel til geheimerådinnens palé: Bygningen har med sine to høye etasjer en golvflate på nærmere 3000 kvadratmeter, som tilsvarer ca 25 moderne eneboliger av vanlig størrelse.

Innvielsen av madame Schøllers palé, som seinere ble kjent som Stiftsgården, var høydepunktet i et «overdådighetsbyggeri» som startet omkring 1760 og kulminerte med byggingen av Lade gård i 1811. I denne perioden ble de bygd, alle de største trehusa i Trondheim – paléer ved de breie gatene – med større takhøyde og flere rom enn noe av det som var bygd før i byen – og gårdsanlegg med staselige hager og fornemme alléer i byens omegn.

Hva var det som førte til denne byggevirksomheten, som brøt alle nøysomhetsregler og hadde som formål å imponere og manifestere overskudd og posisjon – akkurat som titlene man betalte tusenvis av riksdaler for å smykke seg med? Hvor kom de fra, de som bygde, og hvor – eller hvem – tok de pengene fra?

Vi må kanskje tilbake til år 1300 for å finne en blomstring og rikdom i Trondheim tilsvarende slutten av 1700-tallet. Men den gangen var det først og fremst det geistlige Trondheim som blomstret. Den praktfulle katedralen overstrålte alt annet, og rikdommen var stort sett knyttet til erkebispen, kannikene (prestene ved domkirka) og klostrene. Erkebispen og hans folk var dominerende i handelen nordover, fra Trondheim til Kvitsjøen i nordøst og vestover til Færøyene, Grønland og Island. Det meste av utførselen fra Island ble viderebefordret fra Nidaros, og det var fraktefart mellom engelske havner og byen. Fra hvert gårdsbruk og hver håndverker kom det tiende til kirka, og en brorpart av dyrkajorda i landsdelen var kirkeeller klostergods. Pilgrimer kom hver sommer til Hellig Olavs skrin i Nidarosdomen, bragte liv og røre og tidender utenfra. Det var et internasjonalt miljø i byen, med kunstnere og håndverkere fra mange land knyttet til arbeidene med domen. Prestene og munkene i domkapitél og klostre kunne nok også komme fra forskjellige land. Det kom skip fra England og Holland for å hente fisk og trelast og med seg brakte de salt og krydderier, vin og brennevin, klede og silke. Det var gode vilkår for handel og håndverk. På havna var det tett med trafikk og båter krysset fjorden for årer og segl.

Godt og vel 3000 mennesker bodde i den vesle byen som med sine tømrede stuer langs trange streter og veiter strakte seg langs elvehavna, fra fjorden og opp til domkirka, men knapt lenger vestover enn til dagens Nordre gate. Det som hevet seg over den lave, tette og torvtekte byen var kirkene med sine kalkede vegger og skifer-, spon- eller kobbertekte tak. På det høyeste stedet i byen, på brinken ut mot elva i sør tronte – da som nå – domkirka og erkebispegården.

Men utover 1300-tallet gikk det tilbake med byen ved Nidelva. En storbrann i 1328 la det meste av byen i ruiner og domen fikk store skader. I 1345 skjedde den største naturkatastrofen i norgeshistorien like sør for byen: Leirraset i Gauldalen som krevde 500 menneskeliv og fikk store økonomiske konsekvenser for Nidaros. I Svartedauen som feide gjennom byen høsten fire år etter, døde både erkebispen og de fleste av kannikebrødrene i Nidarosdomen, og kanskje så mange som en tredjedel av byens innbyggere. Seinere i hundreåret bestemte formynderrådet til den unge kong Olav Magnusson at de norske kjøpstedene skulle få hvert sitt handleområde. Nidaros fikk tildelt kyststrekningen fra Møre til Namdalen, mens retten til handel i Nordland og Finnmark gikk til Bergen. Dette betydde en alvorlig innskrenkning i handelsområdet til Nidaros.

Trondheim sett fra øst under kong Oscar II's kroning i 1873. I forgrunnen ser vi Bakklandet med skipsverftene langs elvehavna. På den andre siden av elva ligger bryggene tett i tett. Vi ser svalgangene langs elva, hvor det var populært å gå søndagsturer i forrige århundre

A view of Trondheim from the east, upon the coronation of King Oscar II in 1873. In the foreground is Bakklandet with shipyards along the river harbour. Across the river are the rows of quays. On the waterside are the passageways, a popular place to visit on Sundays in the last century

Prospekt av Trondheim, sett fra nordvest i 1824. Til venstre er Munkholmen, Lade gård og kirke er i bakgrunnen. Innover i byen ser vi foruten kirkene Stiftsgården, Svaneapoteket, Harmonien og Sukkerhuset. Ennå er det mange bygninger som har tårn, midtark eller seteritak

Picture of Trondheim, seen from the north-west, dated 1824. On the left is Munkhomen, Lade estate and church are behind. Towards the city, in addition to the churches, are Stiftsgården, Svaneapoteket, Harmonien and Sukkerhuset. Many buildings stil have towers, central arches or the characteristic style of roof

Kalmarunionen i 1396 svekket Norge som selvstendig stat. Dette hadde også negative konsekvenser for byen, til tross for at flere konger ble kronet i Nidarosdomen utover 1400-tallet. Domen brente på nytt i 1432, og det var et tungt løft for erkebispen, Aslak Bolt, å få den gjenreist. Han hadde i tillegg brukt store summer på utbygging av erkebispegården.

Da erkebisp Olav Engelbrektsson måtte forlate landet som følge av reformasjonen i 1537, var byens folketall nede på bare halvannet tusen sjeler. Nidarosdomen lå halvveis i ruiner etter brannen i 1531. Mange tomter lå øde. Byen hadde mistet sin betydning – som kirkesentrum og som administrasjonssentrum. De første tiårene etter reformasjonen satt danskekongens lensherre og styrte Trondhjems len fra Steinvikholm, borgen som Olav Engelbrektsson hadde bygd før han måtte rømme landet.

Middelalderens livlige handel- og håndverksvirksomhet hadde nesten stilnet. Ingen pilgrimer gikk lenger i prosesjon gjennom gatene på Olavsdagen.

Hvordan kom byen på fote igjen? Hva kunne gi byen berettigelse nå da Helgenkongens gullskrin i den prektige katedralen var borte og erkebispens handelsvirksomhet overtatt av bergensere og hanseater? For det er tydelig at byen er i jevn vekst allerede fra midten av 1500-tallet.

Da Olav Tryggvasson for 1000 år siden anla kaupangen nettopp på dette stedet, skyldtes det både topografiske og geografiske forhold, og de samme forholdene var relevante på 1500-tallet.

Nidelva var den eneste beskytta og relativt flomsikre elvehavna ved Trondheimsfjorden. Nidarneset, avgrenset av elveslyngen og fjorden, var en naturlig møteplass mellom folk som kom innenfra fjorden og de som kom utenfra. Med vann på tre kanter og et smalt eide – Nidareid – som forbindelse til land, var Nidarneset også et sted som lot seg forsvare om det kom til uroligheter. Et rikt oppland som var blant de beste kornbygdene i landet, rikt fiske ved kysten og store skoger kunne gi næring til handel. I tillegg var det fra langt tilbake handelsveger over land fra Sverige gjennom Verdal og Stjørdal. For statsmakten hadde det siden Harald Hårfagres tid vært viktig å ha et godt fotfeste i Trøndelag, på grunn av skatteinntektene fra de rike jordbruksbygdene, men også for å kunne beherske og kontrollere de gamle handelsvegene østover og langs kysten nordover. Det var i kongens interesse, enten han satt i Oslo eller København, å ha en lojal handelsstand på ett sted, derfor sørget han for privilegier til byens kjøpmenn.

Og det var nok kjøpmennene som bar byen videre. Fra tidlig i middelalderen hadde handelsmenn operert på siden av kirke og stat, bygd opp forbindelser i inn- og utland. De hadde bidratt til at folk i distriktet fikk det de trengte av varer utenfra og sørget for at det som kunne produseres i distriktet kom ut til markedene.

Olav Engelbrektsson, den siste erkebispen, var som sine forgjengere både handelsmann og reder. Det meste av inntektene til erkebispestolen kom i naturalia, og skulle han få omsatt dette, trengte han større marked enn det trønderske. Han handlet vel først og fremst med hanseatene i Bergen, men hadde også fått i stand handelskontakter med Nederland, og i 1540-årene var det flere hollandske skipsanløp i Trondheim. Antagelig var det også noen nederlendere – skippere og kjøpmenn – som slo seg ned i byen på denne tida. Kirka ble detronisert som den store kapitalist, men det var også folk utenom bispesetet som drev handel og fraktefart. Disse mistet selvsagt en kapitalsterk konkurrent da erkebispen måtte rømme landet.

Bergen var fra 1100-årene den viktigste eksport- og importbyen i Norge, og fra 1300-tallet var det hanseatene på Tyskebryggen som hadde hånd om det meste av norsk utenrikshandel. Denne dominansen beholdt de til slutten av 1600-tallet. Men all innenlandshandel til og fra Bergen ble ivaretatt av norske kjøpmenn. Bindeleddet mellom hanseatene og fiskerne var de såkalte nordfarerne. Mange av disse var fra Trondheim. De hentet

På den samme brinken som Thomas Angells Stuer ligger Tukthuset, opprinnelig oppført i 1733. Bygningen som står nå skriver seg i det vesentlige fra 1772, og har antagelig også hatt Kühnemann som byggmester

On the same ridge of land as the Thomas Angell Rooms, stands Tukthuset, first built in 1733. The present building dates mainly from 1772 and had probably been built by Kühnemann

tørrfisken i Nord-Norge om sommeren og fraktet korn, salt og andre varer nordover om høsten eller tidlig på våren. Fra siste halvdel av 1500-tallet kom det et sterkere innslag av innvandrede engelskmenn, skotter, hollendere og tyskere som drev handel til og fra Norge utenom hansabyene.

I 1547 fikk Trondheim kongebrev på sine kjøpstadsprivilegier: Fremmede kunne bare selge sine varer i byen i markedstida, og da skulle handelen foregå på torget. Ellers skulle de fremmede selge varene sine i store partier til byens kjøpmenn. Disse fikk rett til å dra rundt i *«Thrøndelagen og Nordlandene og der bruge deres Kjøbmandskab med Alen og Vægt efter gammel Sædvane.»* Den som skulle drive handel i Møre og Romsdal, Trøndelag og Nord-Norge måtte altså ta borgerskap i Trondheim. Mye av det som skulle omsettes ble produsert i kyst-distriktene, det gjaldt først og fremst fisk og sild, men også trelast.

Navigasjonsmessig lå Trondheim i en bakevje: Med god bør er det minst 5 timers seilas fra hovedleia og inn til Trondheim. Dette spilte helt sikkert en avgjørende rolle når det gjaldt valg av losseplass for tørrfisk og andre varer. Det ble derfor til at flere borgere slo seg ned på kysten, men betalte skatter og avgifter til Trondheim. Disse kjøpmennene ble kalt utliggerborgere.

Nederlendere som hadde slått seg ned i Trondheim i 1540-årene, fører varer til og fra Holland. I tillegg finns det noen borgere av tysk, engelsk og skotsk avstamning. Nordfarerne fra Trondheim deltar etterhvert i handelen på Kvitsjøen som begynner å ta seg opp på denne tida. I 1580-åra hører vi om flensburgere som seiler til Finnmark og Kvitsjøen, men denne trafikken går forbi Trondheim. Et halvt århundre seinere, fra første halvdel av 1600-tallet får Trondheim et jevnt tilsig av folk fra Slesvig-Holstein, først og fremst fra Flensburg. Denne innvandringa varte ved til 1800-tallet, og kjøpmenn fra Flensburgområdet kom mer enn andre til å sette sitt preg på byen ved Nidelva.

Inntil slutten av 1500-tallet var tørrfisk den dominerende norske eksportartikkelen. Det som i tillegg ble eksportert, var tømmer og tjære, talg, huder og skinn. Men det skjedde ting utover 1500-tallet som skapte grobunn for en mer differensiert handel: I Mellom-Europa begynte skogene å bli uttynnet, så behovet for trelast vokste. Samtidig kom oppgangssaga i bruk og gjorde en rasjonell produksjon av sagbord mulig. Kongen fornyet sine privilegier til Trondheim i 1590-årene og bestemte at all utførsel fra Trondheims len – som også omfattet Møre og Romsdal – skulle forvaltes av trondhjemske handelsmenn. Nettopp dette gjorde det gunstig å ta borgerskap i byen, som dermed tiltrakk seg folk med kapital og handelsforbindelser i utlandet. Trelastbehovet var særlig stort i Nederland, som i mange år hadde hentet tømmer fra Sørlandet. Men det gikk også trelastfrakter til England og Irland. Etterhvert som kysten ble mer eller mindre snauhogd

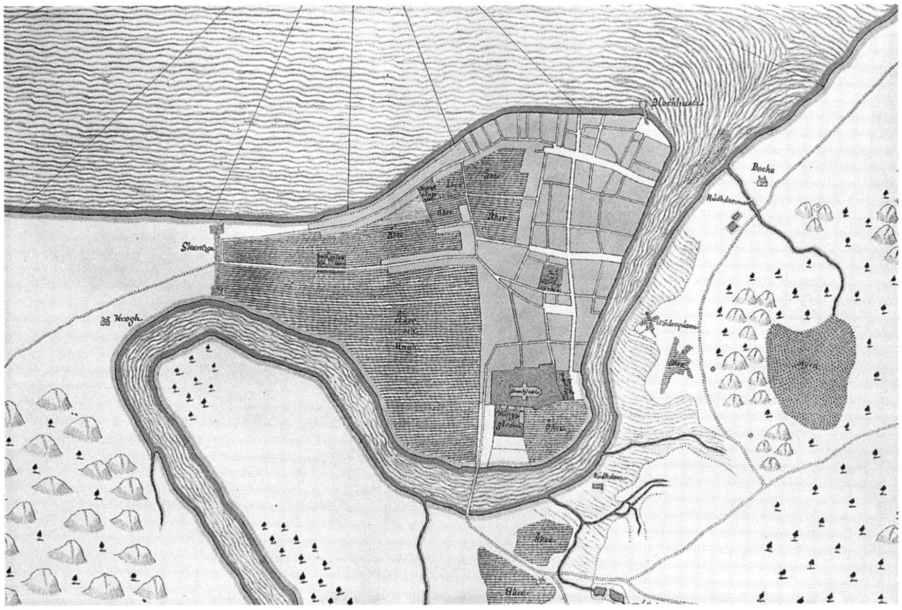

Utsnitt av Neuclers kart fra 1658, det eldste kjente kart over Trondheim

Section of Neucler's map from 1658, the oldest-known map of Trondheim

nordover, måtte hollenderne til Møre og Romsdal etter trelasten, og her kom de første sagene i gang på slutten av 1500-tallet. Ikke lenge etter grodde det også opp sager rundt i Trøndelag.

På denne tida kom det store sildeinnsiget på Trøndelagskysten, det førte også til økning i handel og sysselsetting. Det rike sildefisket som kulminerte omkring 1650, trakk til seg folk, det ble behov for forsyninger av tønner og salt, og fiskerne skulle ha mangt slags utstyr som de fikk på kreditt hos kjøpmenn fra Trondheim.

Da det rike sildefisket begynte å ebbe ut i 1660-åra, var gruvedriften kommet i gang i Trøndelag. Kobberutvinninga startet i Kvikne i 1631, på Røros i 1644 og på Løkken i 1652. Fra omkring 1650 kom jernverket i Mostadmarka i drift. Kong Christian IV, som hadde et utstrakt pengebehov, var pådriver i etableringen av flere av gruvene, men fra 1670-åra kom trondhjemskjøpmennene aktivt med i driften, både som kapitalinnskytere, leverandører og eksportører.

På slutten av 1600-tallet, et par generasjoner før det overdådige trehusbyggeriet i Trondheim blomstret, var det skapt solid grobunn for handel og oppbygging av kapital: Støttet av kongens privilegier hadde borgerne i Trondheim tre fundamenter for sin handelsvirksomhet: Fisken i havet, trærne i skogen og malmen i fjellet.

De mange utlendingene som tok borgerskap i byen, hadde som regel kontakt med handelshus på kontinentet og førte Trondheim inn i et handelsnettverk med forgreninger over hele Europa, etterhvert også til den nye verden vest for Atlanteren.

Prospekt av Trondheim, sett fra Steinberget i 1813. Ilevollens ekseserplass i forgrunnen, til venstre mølla i Ilebekken og trelasttomtene langs sjøen. Midt på bildet er skansen med byporten

Picture of Trondheim, seen from Steinberget, dated 1813. In the foreground is Ilevollen's exercise ground. On the left are the mill at Ilabekken and the waterside timber yards

Innvandrerne og deres vei til rikdom.

Vi ville finne ut hvordan det hadde seg at trondhjemmerne i siste halvdel av det 18. hundreåret overgikk hverandre i å bygge store og prangende boliger, både i byen og på gårdene omkring. La oss se litt på bakgrunnen til de som satte byggeriet i gang, og hvordan de hadde fått så mye kapital mellom hendene.

Mange av de mest innflytelsesrike personene i trondheimshandelen kom fra Flensburg, en driftig liten handelsby i hertugdømmet Slesvig. Dette området var et knutepunkt i nordeuropeisk handel fra tidlig på 800-tallet og opp gjennom hele hansatiden. Folk fra områdene ved Rhinen tok bopel i byene på østsida av Sønderjylland, og noen av disse brukte byen ved Flensburgerfjorden som en mellomlanding for ferden videre til Norge. Det var altså århundrelange handelstradisjoner bak folka som innvandret til Trondheim. De hadde penger i pungen, kjøpmannshus i ryggen og følte seg velbefarne i kjøpmannskap, med selvfølgelig tilhørighet til det europeiske handelsnettet.

Den første faste bosettingen av slesvigere i Trondheim skjedde litt etter 1600. Vi nevnte at flensburgere drev handel på Øst-Finnmark og Kvitsjøen omkring 1600, men fra 1619 ga Christian IV «Det Islandske Kompagni» i København enerett til handel øst for Vardøhus, og dermed måtte mange

av Kvitsjø-farerne se seg om etter andre handelsmuligheter. Kanskje dette, sammen med privilegiene for folk som tok borgerskap i Trondheim, gjorde at flensburgere slo seg ned i byen.

En av de flensburgske Kvitsjø-farerne, som hadde «sjøpass» fra danskekongen tidlig på 1600-tallet for ferden langs norskekysten, het Henrik Hornemann. Det var hans sønnesønn, også Henrik, som 50 år seinere kom til Trondheim og ble rådmann og en av byens største kjøpmenn. En ung mann som het Hilmar von Lutten dro til Trondheim i 1660-årene for å gå i handelslære hos en flensburgerkjøpmann. Denne Hilmar dro tilbake til Flensburg, men hans dattersønn, Hilmar Meincke, tok borgerskap i Trondheim i 1741. Meincke-familien, som stammet fra Westfalen, tilhørte storborgerskapet i Flensburg, og brukte nok ikke lang tid på å etablere seg med samme tilhørighet i Trondheim. Det samme gjelder familien Mølmann, også opprinnelig fra Westfalen, inngiftet med Meincke-slekta og storfolk i Trondheim på 1700-tallet. I 1725 tar Lorentz Lorck, av gammel flensburgsk kjøpmannsslekt, borgerskap. Han ble rådmann i Trondheim, men det var en yngre slektning av Lorentz som kom til byen i 1780-åra og grunnla handelshuset Lorck, som ble et av de rikeste nordafjells.

Henrik Hornemann, som tok borgerskap i Trondheim i 1660-årene fikk en rask økning i sin kapital da han giftet seg med borgermesterens datter i 1669. Hun var enke etter en kjøpmann, og ekteparet Hornemann etablerte seg i hennes hus. Henrik Hornemann importerte korn, brennevin og utrustning til nordlandsfarerne og eksporterte fisk og kobber. Samtidig var han med på å bygge opp byens egen handelsflåte og startet på sine gamle dager Selbu kobberverk. Han drev også trelasteksport og hadde gård og sagbruk i Gauldal. Han etterlot et solid handelshus til sin sønn Hans, som ved arveskiftet etter faren, i 1719, overtok en formue på omkring 35 000 riksdaler. Da han døde i 1764, hadde han økt formuen til over 320 000.

I oppbyggingen av kapital og sikringen av handelsfordeler var det ikke bare godt kjøpmannsskap som talte. Det fortelles om Hans Hornemann at han brukte både bestikkelser og smøring overfor myndighetspersoner han kunne ha nytte av å ha et godt forhold til. Han giftet bort den ene datteren til en 37 år eldre lagmann. Den andre tvang han til å gifte seg med en tidligere ansatt som han hadde hjulpet til å bli fogd på Sunnmøre, hvor Hornemann hadde interesser i det rike fisket. Å sørge for et godt forhold til myndighetspersoner – både i Trondheim og København – var nok noe de fleste storkjøpmennene prøvde på, og da var milde gaver og slektskapsforhold legale midler.

Grunnleggeren av et annet handelshus i Trondheim var Lorentz Mortensen Angell, som kom til Trondheim sammen med en bror og søster i

Barokkportalen i Kirkegata 1, «Altona». Bygningen lå opprinnelig på hjørnet av Kongens gate og Søndre gate, men ble revet i 1870-åra og gjenoppsatt i Kirkegata, nå med denne staselige gateportalen vendt inn mot gårdsplassen. Portalen med sin tofløyete dør er typisk for Trondheim i siste halvdel av 1700-åra

Baroque gateway of Kirkegata 1, «Altona». The building stood originally at the corner of Kongensgate and Søndregate, but was taken down in the 1870s and re-erected in Kirkegata, with the fine gateway facing the courtyard. The gateway with its two-sashed door is typical of Trondheim in the latter half of the 18th century

Torget sett østover Kongens gate. Svaneapoteket til venstre og Hornemannsgården til høyre, bak vannposten. I bakgrunnen ser vi rådhuset

Torget, looking eastward on Kongens gate. Svaneapoteket on the left and Hornemannsgården on the right, behind the water pump. In the background is the city hall

1653. De kom fra en gård i bygda Angell i nærheten av Flensburg og tok med seg dette navnet til utlandet. Lorentz la grunnlaget for den formuen sønnesønnen Thomas skulle testamentere hjembyen. Som Henrik Hornemann fikk Lorentz Angell ekstra kapital ved giftemål – han giftet seg med datter av en kjøpmann fra Hamburg som hadde bosatt seg i Trondheim. Og som Hornemann importerte han korn og eksporterte fisk, men ble etterhvert både jordeier og medeier i gruver. Eierskapet i Rørosgruvene begynte med at han bidro med forsyninger til gruvedriften og dermed ble kreditor til hovedeieren, Joachim Irgens, som i dårlige tider hadde betalingsvansker. Dermed fikk Angell hånd om store jordegods i Nord-Norge. Disse hadde Irgens i sin tid overtatt som vederlag for lån til kongen. Seinere, i 1680-årene, måtte Angell overta parter i gruvene fordi enka etter Irgens ikke klarte å overholde sine forpliktelser. Fra 1685 satt han med 50 av de 180 partene Rørosverket var oppdelt i. At han hadde bundet opp så mye kapital som ellers skulle vært brukt til å handle med, var neppe helt etter Lorentz Angells ønske, og han fikk også noen vanskelige år med dårlig omsetning av kobber og direkte tap på sitt medeierskap. Men da han døde i 1697 hadde boet likevel et solid overskudd til fordeling på barn fra tre ekteskap. Hans første kone, den hamburgske kjøpmannsdatteren, døde i 1670 etter å ha satt 6 sønner til verden. Den neste, som var fogdedatter fra Helgeland, fødte ti barn, hvorav 6 levde da hun døde i 1683. Hans siste kone fødte en datter.

Albert Angell, som overtok forretningene var tredje sønn av Lorentz. Han hadde skaffet seg en bra startkapital ved giftemål med Sara Hammond da han omkring 1680 begynte som kjøpmann. Sara sin far var Thomas Hammond, født i England men med borgerskap i Trondheim. Saras mor var datter av en velstående Trondheimskjøpmann som het Henrik Engelsk-mann. Thomas Hammond handlet med trelast, men drev også eksport og import av forskjellige varer. Han døde under bybrannen i 1681, men etterlot sine sønner og døtre en stor arv. Til den arven Albert Angell fikk del i hørte både et par sagbruk og en part i Røros kobberverk. I løpet av ganske kort tid ble han storleverandør til kobberverket. Da faren døde, arvet han fem parter i verket, og da han selv døde i 1705, bare 45 år gammel, hadde han 21 parter. I tillegg hadde han jordegods både på Helgeland og i Strinda og Selbu. Forretningene hans var i positiv utvikling da enka, som satt igjen med fem av de ni barna hun hadde født, måtte ta over. Hun hadde tydeligvis forretningssans, så formuen og fortjenesten økte.

Det Angellske handelshus ble ført videre av brødrene Lorentz og Thomas. De ble født i 1692 med 11 måneders mellomrom. Begge ble sendt til København for å studere, og i 1712 avla de teologisk embetseksamen. Men da hadde de også fått med seg både jus- og språkkunnskaper. Seinere studerte de i Leipzig, Dresden, Halle og Leiden. Først i 1720 kom de tilbake til Trondheim. Moren døde i 1716 og stefaren i 1721. De to brødrene fikk en stor arv å forvalte i tillegg til at de måtte sørge for at søsknenes arv ga sikkerhet og utbytte. Sammen med sin søster eide de nå 22 parter i kobberverket på Røros, og tok seg av forsyninger til disse partene. De to brødrene samarbeidet livet ut og fortsatte å bygge opp handelshusets kapital på eksport av kobber og trelast, og inntekter fra jordegods. De drev pengeutlåning og handel med veksler, hadde parter i skip og engasjerte seg i Vestindiafarten og i Sukkerraffineriet som sto ferdig i 1754. Lorentz giftet seg i 1729 med Sara Collett som kom fra patrisiatet i Christiania, men ikke for pengenes skyld, blir det fortalt. Han kjøpte henne smykker for det samme som hun hadde med seg i farsarv. Dessuten kjøpte han seg fine titler. Thomas forble ugift, bodde sammen med bror og svigerinne i alle år og levde et svært så nøysomt liv. Det er da heller ikke mye frodig levemann over hans portrett. Men en dyktig kapitalist som fikk arven etter far og farfar til å formere seg, det må han ha vært. Han var den ledende partisipanten i Rørosverket i 30 år. Lorentz døde i 1751, og hans eneste datter Karen giftet seg året etter med den danske adelsmannen Peter Fredrik Suhm, som først og fremst hadde reist til Trondheim for å bli rikt gift. Ekteparet Suhm flyttet til København med halvparten av den Angellske formuen i 1765, men likevel etterlot Thomas Angell seg en kapital på 300.000 riksdaler, eller tre tønner gull, da han gikk bort i 1767. Han testamenterte hele sin formue til byens fattige.

Mølmann-familien kom opprinnelig fra Westfalen og slo seg ned i Flensburg. Johan Mølmann var sønn av en kjøpmann og rådmann og tok borgerskap i Trondheim i siste havdel av 1600-åra. Han bygde opp sin kapital i første halvdel av 1700-årene, giftet seg med Anna Hammond og ble dermed svoger til Albert Angell. Han drev en allsidig handelsvirksomhet og deltok både i bergverks- og sagbruksdrift. Den store familiekapitalen fikk en voldsom avkastning gjennom tollforvaltningen. Hans Ulrich Mølmann, sønnesønn av den første innvandreren, var generaltollforvalter fra 1749 til 1758, og fikk inntektene av inn- og utførselstoll i Trondheim, Kristiansund og Molde. Han var også ildsjelen bak opprettelsen av Sukkerhuset.

Hilmar Meincke, som tok borgerskap i 1741, hadde antagelig solid kapital i ryggen da han samme året giftet seg med Hans Ulrich Mølmanns søster. Han investerte først og fremst i Rørosverket men deltok også i tollforpaktningen samtidig med svogeren. Både sønn og sønnesønn av Hilmar førte handelshuset videre.

Broder Brodersen Lysholm kom fra Slesvig og slo seg opp som kjøpmann og hadde den fine tittelen hoffagent. I 1763 giftet han seg med datter av Hilmar Meincke, og fikk økt sin kapital betraktelig, men fikk vel ikke så lang tid til å glede seg over den, for han døde allerede i 1772, og da tok Catharina selv over forretningene. Catharina Meincke Lysholm drev både som grosserer og skipsreder, og var anerkjent, ikke bare i Trondheim, som en svært dyktig forretningskvinne. Hun hadde også sterke kulturelle interesser og utfoldet stor byggevirksomhet.

Ballsalen, eller «Det italienske rommet» på Leangen med håndmalte tapeter fra landskapet ved Roma
The ballroom, or «The Italian Room» at Leangen, with handpainted scenes from the Rome landscape

Caspar Christoffersen Schøller kom fra Sønderjylland til Trondheim sammen med to brødre, så tidlig som i 1606 og giftet seg året etter med datter av borgermesteren, som også var fra Jylland. Han var offiser under Kalmarkrigen i 1611-13, men gikk ikke inn på noen videre militær løpebane. Både han og brødrene ble fogder, Caspar i Selbu, Hans i Orkdal og Eiler var fogd for Bakke klosters gods. Gjennom fogdestillingene skaffet de seg pant i gårder, og ble ikke pantet innløst, kunne de slå til seg gårdene. Caspars brødre døde unge, og han tok over deres eiendommer. Etterhvert bygde han seg opp til å bli en mektig godseier, i tillegg til at han eide mange sagbruk. I 1650 var han den overlegent rikeste personen i Trondheim. Han hadde 16 barn, så den store formuen ble delt opp i mange arvelotter. Likevel ble en av hans sønner regnet blant de 15 rikeste i Norge. En etterkommer, Andreas Schøller hadde store eiendommer i Gauldal, Selbu og Strinda og eide flere sagbruk. Sønnen Stie Tønsberg Schøller arvet 10 000 riksdaler etter faren i 1724 og Leira gods sør for byen etter sin mor i 1728. Han drev sagbruk og trelasthandel med god fortjeneste og var i tillegg partisipant i Rørosverket. Han giftet seg med Elisabeth Angell, søster av Lorentz og Thomas, til en solid medgift. De to barna deres døde som små, og Elisabeth døde i 1742. Like etter giftet han seg igjen med Cicilie Christine Frølich. Stie Tønsberg Schøller døde, som byens kanskje rikeste

Det lille kabinettet har en nesten overveldende dekor, med de kraftige barokkprofilene i golv- og dørlister, det sjakkmønstrete golvet og de romantiske naturscenene i tettstilte felt med rokokkoomramming på veggene. Til og med dørfyllingene er dekorert

The small study is almost overwhelmed by the decor, with the dominating Baroque style in the skirting boards and door jambs, the chequered floor and the romantic landscapes in Rococo frames on the walls. Even the door panels are decorated

mann, i 1769. Da overtok Christine Cicilie hele formuen. Hun giftet seg ikke flere ganger, men bygde isteden et stort hus.

Flere av innvandrerslektene og deres handelshus kunne vært nevnt her, men vi har trukket fram noen som satte spor etter seg i den store byggevirksomheten på slutten av 1700- og begynnelsen av 1800-tallet. De hadde beriket seg både ved å kjøpe opp gårder, ved investering i sagbruk og gruvedrift, mange slags handel, redervirksomhet og pengeutlåning. Dermed fikk de flere bein å stå på, noe som gjorde dem mindre sårbare i krisetider. Etterhvert som alle søkte å forøke sin kapital ved giftermål ble det knyttet familiebånd mellom de rikeste familiene. De mektigste familiene knyttet også bånd til embetsmenn og offiserer, og på midten av 1700-tallet kan vi trygt snakke om en solid forankret overklasse i Stiftsstaden Trondhjem.

Denne overklassen kom til å prege byen langt inn på 1800-tallet, og selv om navnene skiftet, spilte stadig folk med røtter i Flensburg ledende roller både i det politiske, økonomiske og kulturelle livet i Trondheim.

Bybildet

Nidarosdomen er fortsatt den største og mest iøynefallende bygningen i byen, men hvordan er det med andre spor etter middelalderen?

Vi kan vel si det slik at enkelte av gatene og veitene, og noen av de navna vi finner i byen, har tradisjoner tilbake til middelalderens byanlegg på Nidarneset. Men bortsett fra Nidarosdomen, Vår Frue kirke og noen kirkeruiner som er bevart under nyere bygninger, er de fysiske sporene av den tidligste historien blitt utvisket gjennom hundreårene.

De arkeologiske utgravingene som foregikk midt i sentrum fra 1973 til 1985 har gitt mye verdifull informasjon om Trondheims bybilde i middelalderen. Undersøkelsene viser samsvar mellom sagaens beretning om Olav Tryggvassons anlegg av kaupangen ved Nidelva og det fysiske bildet arkeologene avdekte.

Kommer vi med fly over byen, inn for landing på Værnes, ser vi Trondheim sentrum som ei oppruta juleskinke under oss, omgitt av elveslyngen og kanalhavna. Det gamle Nidarneset var en atskillig magrere skinke den gang sagakongen kom seglende inn fjorden. Elva var breiere, strandlinja lå 4 meter høyere enn nå, og i tillegg har fyllinger mot fjord og elv og utjevninger av terrenget gjort hele halvøya til en temmelig flat slette i forhold til det mer kuperte og varierte landskapet for 1000 år siden. Noen steder er kulturlagene så tykke at vi beveger oss tre meter over det opprinnelige terrenget!

Ett eller annet sted på halvøya lå det en gård, arkeologene mener den mest sannsynlig lå på et flatt platå like sør for Vår Frue kirke. Litt sør for der Kongensgate munner ut i Kjøpmannsgata gikk det en grunn, nyreformet

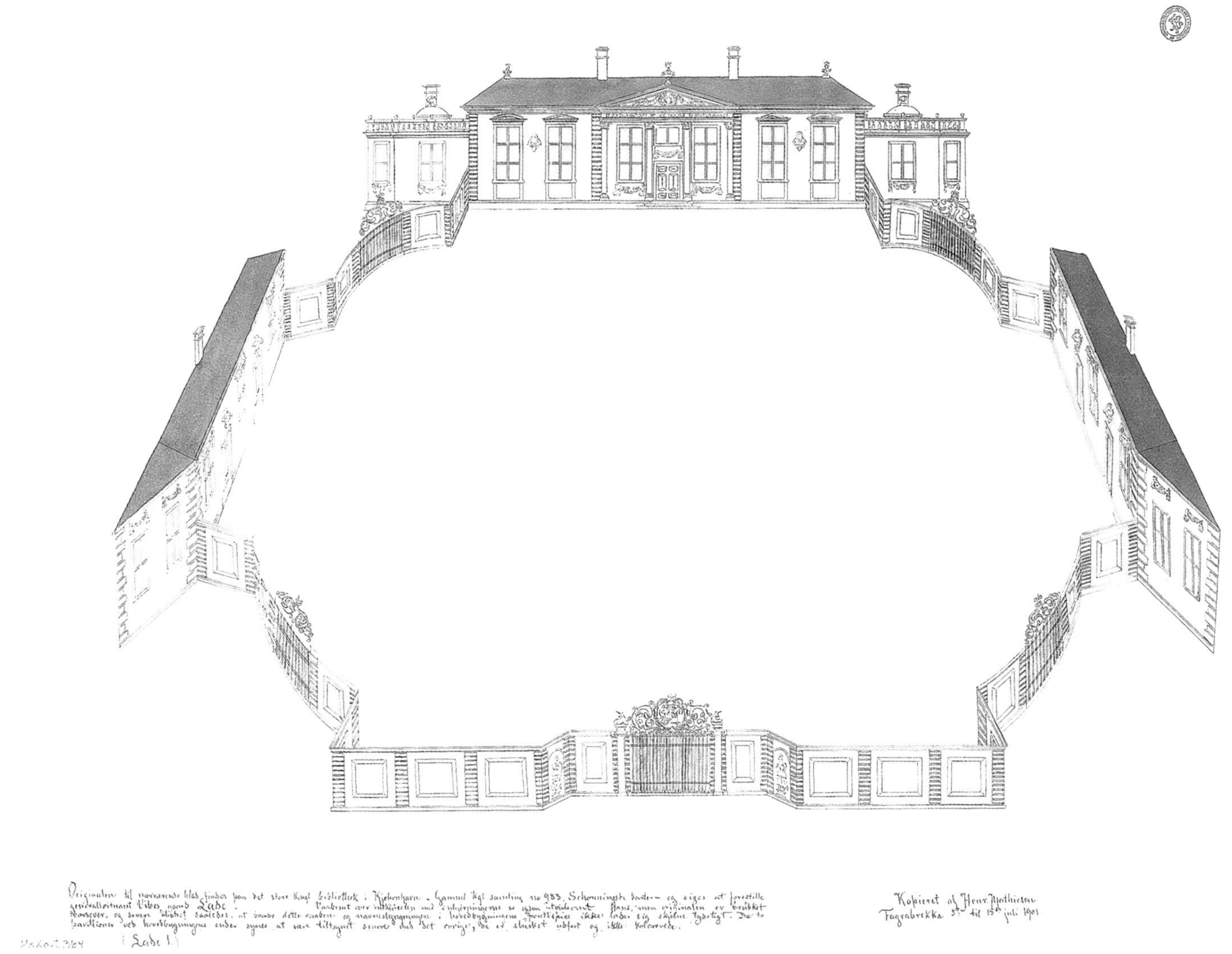

J.C. Hempels prosjekt for Lade gård. Her ser vi hovedfasaden med porten til gårdsplassen mellom de to paviljongene. Tegning av Henrik Mathiesen, 1901

J.C. Hempel's plan for the Lade estate. View of the main frontage, with the entrance to the courtyard between the two pavilions. Drawing by Henrik Mathiesen, 1901

bukt inn fra Nidelva. Denne bukta dreide nordover, slik at det ble en halvøy mellom bukta og elva. Langsetter ryggen av denne halvøya fant arkeologene spor etter et strete helt tilbake til før 1000-tallet. Tvers på stretet, både mot bukta og mot elva, fant de klare markeringer, spor etter stolper og gjerder som fortalte om utparsellering av tomter. Noen av disse tomtegrensene finnes igjen med svært små justeringer helt opp i de øverste kulturlagene, altså til vår egen tid! Stretet faller sammen med den sørligste delen av Krambugata. Nordover langs elva var det også en bukt i elvebredden, dypere enn lona lenger oppe. Dette kan være den bukta som Snorre kaller Skipakrok. I så fall lå kong Olavs kongsgård vest for denne bukta, på en landtunge ut i fjorden, og Krambugata kan ha vært forbindelsesvegen mellom kongsgården og kaupangen. Lenger vest i byen følger Kongensgate en gammel strandterrasse. Dette var den første vegen vestover fra byen ved elva. Her ble krøtter drevet til beitemarkene og her kom birkebeinerne ridende inn i byen.

Byens velgjører Thomas Angell, 1692-1767
The city's benefactor, Thomas Angell, 1692-1767

Kursalen i Stiftsgården med de tofløyete dørene åpnet for det lange perspektivet. Damen til høyre for døra er den driftige grosserer og skipsreder Cathrine Meincke Lysholm
The reception room in Stiftsgården, with the two-sashed doors opened to show the perspective. The woman on the right of the doors is the enterprising merchant and shipowner, Cathrine Meincke Lysholm

Omkring 1300 hadde byen fire nord-sørgående langgater som løp noenlunde parallelt med elva. Disse ble skåret gjennom av øst-vestgående veiter og almenninger. Grunnen var tett utnytta. Kaupmannastretet hadde for eksempel en bredde på bare ca 4 meter fra husvegg til husvegg. Brolegginga var tømmerstokker planet på oversida. Like sør for Mariakirka – dagens Vår Frue – lå torget, og mellom det og domkirkegården bodde kannikene. Her var det også to klostre.

Langs langgatene lå de fleste av byens kirker, og dem var det mange av: Omkring 1300 nevnes 17 stykker, alle viet til forskjellige helgener.

Sukkerhuset var den største bygningen i byen da den ble oppført som første industribedrift i Trondheim i 1754. To år før fikk Hans Ulrich Mølmann kongelig privilegium på å opprette et sukkerraffineri som skulle forsyne det nordafjelske og Sjølenene med sukker og sirup. Det Vestindisk-guineiske Handelskompaniet i København hentet slaver i Vest-Afrika til sukkerplantasjene i Vestindia. Derfra dro de hjem med råsukker til de dansk-norske raffineriene. I Trondheim ble det stiftet et eget rederi til å ta seg av denne frakten. E.C. Dahl kjøpte eiendommen i 1850 og startet sitt bryggeri. I dag er Sukkerhuset innredet til universitetsformål

Sukkerhuset was the largest building in town when constructed as sugar refinery, Trondheims first industrial company, in 1754. Hans Ulrich Mølmann was granted a royal privilege to establish a sugar refinery for supplying sugar and syrup to the region. The West Indies – Guinean Trading Company in Copenhagen arranged for the transportation of slaves from West Africa to the sugar plantations in the West Indies, returning with cargoes of unrefined sugar for the Danish-Norwegian refineries. In Trondheim a shipping company was established for the purpose of operating this cargo route. E.C. Dahl bought the property in 1850 and started a brewery. Sukkerhuset has now been refurbished for use by the University

Bebyggelsen var stort sett organisert i øst-vestgående parseller som hadde inngang fra langgatene, slik de første tomtene var blitt utlagt seint på 900-tallet. Det kunne være flere eiere av en slik parsell, og mange hus, etterhvert tett sammenbygd. Uthus, boder og verksteder hadde vanligvis bare én etasje, det samme gjaldt «skytingsstuen», det eneste huset med ildsted. Beboelseshus var ofte i to etasjer, med utkraget svalgang i annen etasje. Det fantes loft med lagerrom i underetasje og soverom over, og frittstående stabbur. De fleste gårdene holdt husdyr, så det fantes både fjøs, stall og løe. Ned mot elva lå bryggene, de kunne også være i to etasjer.

De første bygningene som kom opp på bredden av Nidelva var enkle laftehus, fundamentert på jordgravde hjørnestolper. Takene var tekt med torv og never, veggene var utvendig behandlet med tjære. Trolig gjennomgikk ikke byggemåte og byggeskikk så store endringer opp gjennom hundreårene, og tjærebredde tømmerhus med torvtak har vært dominerende i bybildet opp til slutten av 1600-åra, da utvendig panel kom på moten.

I det store og hele varte middelalderen i Trondheim til bybrannen i 1681. Da byen kom på fote igjen etter denne brannen, var det et dramatisk endret bybilde som ble skapt.

I 1658, da svenskene inntok byen, tegnet offiseren Naucler et bykart, og noen år før storbrannen laget presten Maschius det berømte kobberstikket av byen sett fra øst. Disse to dokumentene gir oss gode holdepunkt for hvordan byen så ut i siste halvdel av 1600-tallet. Dette var den byen de første innvandrerne fra Flensburg kom til.

Nedre del av Kjøpmannsgata. Murgården i forgrunnen med den høye segmentformete midtarken er den såkalte «Gramgården», bygd av Hans Hagerup i 1745, revet i 1949 og nå gjenoppbygd på Trøndelag Folkemuseum

The lower part og Kjøpmannsgata. The brick building in the foreground, with its high segmental central arch, is known as «Gramgården». It was built by Hans Hagerup in 1745, demolished in 1949 and now reconstructed at Trøndelag Museum of Folk Arts

«1681, 19. april: Er atter Trundhjem ved en meget ulykkelig Brand lagt i Aske, aleene Domkirken med Kongsgaarden, Hospitalskirken med hosstaaende Huse og de smaa Boliger udenfor Ny Kirkegaardved Stranden sparet og uskadet, saa og den latinske Skole med hosstaaende faa Huse.» Dette skriver Melchior Augustinussen i sine dagboksopptegnelser. Alt lå i aske, og alt som var lagret i bryggene; matkorn og såkorn, fiskeredskap, tørrfisk, huder og skinn, forsvant over natta.

Kong Christian V sendte noen tusen tønner rug og to generaler til Trondheim. Rugen skulle deles ut til de nødlidende, mens generalene Cicignon og Coucheron satte i gang med å måle opp byen og lage forslag til en reguleringsplan som skulle ha til hensikt å hindre flere storbranner i framtida. Samtidig skulle de komme med forslag til bedre forsvarsverk for byen – den var jo 30 år i forvegen blitt inntatt av svenskene uten å kunne sette seg til motverge. Den nye planen – som ble approbert av kongen 10. september 1681 – forhindret ikke storbranner så effektivt som man hadde håpet, men den ga byen et nytt ansikt, og gjorde den til festningsby.

Den nye byplanen tok i det hele tatt ikke hensyn til tomtegrensene og det gamle gatenettet, med unntak av Geilan, innfartsvegen fra vest. Denne blir én hovedakse i den nye byen: Kongens gate. Den andre hovedgata blir lagt på den sør-nordgående aksen fra domkirka til Munkholmen: Munkegata. Der de to gatene krysser hverandre kommer det nye torget, et kvadrat på 170 alen. Langs elva, mellom bryggene og bybebyggelsen legges Kjøpmannsgata i to plan med en skrent ned mot bryggerekka. Disse tre gatene får 60 alens bredde, mens de øvrige gatene – i et rutenett parallelt og vinkelrett med Kongens gate, får 36 alens bredde (en alen er ca 0,63 meter). Bryggerekka blir brutt av åpne almenninger ut for hver av de øst-vest-gående gatene.

Rundt det høye domkirkeplatået bygges bastioner ut mot elva, og planen viser også skanser ut mot fjorden. Over det smale eidet i vest, mellom elva og fjorden, anlegges et skanseverk med byport, vollgraver og bastioner. På skrenten over Bakklandet, i aksen til Kongens gate, legges Møllenberg skanse. Munkholmen blir utbygd som festning og anlegget av Kristiansten – som fortsatt troner på haugen øst for byen – blir påbegynt. Broen over Nidelva blir flytta til omtrent samme sted som dagens Gamle bybro, for å bedre kontakten mellom byen og festningen. Denne broplasseringa fikk mye å si for oppblomstringa av Bakklandet.

Det tok lang tid å få gjennomført denne storstilte planen med ny fordeling av tomter, justering av eiendomsgrenser, anlegg av nye gater osv. Da Christian V besøkte Trondheim i 1685 var fortsatt bare halve byen bygd opp igjen etter brannen. De breie gatene var det så som så med. Christian Hansen Gartner, som hadde fått tittelen planérmester, hadde sitt svare strev med å få planert og grøftet gatene, et arbeid han holdt på med fra brannen til langt inn på 1700-tallet. Igjen og igjen klagde han over at grøftene han hadde fått spadd opp langs gatene ble fylt av søppel over natta, og at folk også brukte torget som fyllplass for søppel og det som verre var, så det knapt var framkommelig for «det honnette borgerskap». Gartner fikk stor innflytelse i byen. Han kom opprinnelig fra Flensburg, men hadde vært i tjeneste som hagearkitekt og gartner hos flere fyrster rundt i Europa da han ble invitert til Trondheim i 1670-åra av toller og kommisarius Peder Tønder. Han var i ferd med å bygge en stor gård med seks mål hage på brinken vest i Geilan, rett overfor Hospitalet, og engasjerte Christian Gartner til å anlegge hagen. Det staselige huset Tønder bygde var kanskje det eneste i byen som sto igjen fra før 1681 da det ble revet så seint som i 1961. Gartner giftet seg og slo seg ned i byen, planla hageanlegg, dyrka urter og drev frøhandel. I 1694 ga han ut den første hageboka i Norge, «Horticultura». På sine eldre dager drev han også vertshus og krambu. Både erkebispegården og klostrene hadde hatt sine urtehager, men Gartner var nok den som for alvor fikk trondheimsborgerne til å anlegge pryd- og nyttehager slik det var vanlig ved slottsanleggene nedover i Europa.

Cicignons byplan hadde en stor ulempe: Den ga ingen retningslinjer for hvordan de store kvartalene skulle bebygges forat alle skulle få adkomst til sine eiendommer. Det førte til at mange av de gamle stretene og veitene overlevde den nye reguleringen. I dag er vi glad for at det ble slik. Middelaldermønsteret som vever seg inn i Cicignonplanens grovmaskede nett skaper spenning og kontrast i bybildet. Planen omfattet heller ikke områdene lenger vest enn Prinsensgate. Dermed fikk bebyggelsen som grodde opp utover mot Skansen et mye tettere preg enn den regulerte byen. Først etter storbrannen som herjet området i 1842 fikk bydelen sine nord-sørgående branngater: St Olavs gate, Tordenskjoldsgate, Hospitalsgata og Batterigata. I 1840-åra ble også Thomas Angells gate, Brattørgata, Carl Johans gate og Schultzgate anlagt for å øke brannsikkerheten.

Før 1681 hadde ikke byen noe brannvesen, men folk var forsiktige med bruk av ild, og vekterne gikk sine runder for å passe på, og varslet om ild var løs. I 1689 fikk man en «Brand-Anordning for Trondhiem Kiøbsted», som første forsøk på et organisert brannvern. I hvert sogn skulle det finnes brannsprøyte, brannslanger, lærspann, brannhaker, økser og stiger. I tillegg skulle hver gård ha brannøks og stige. Hvert sogn skulle ha en brannmester, og sognet skulle deles i fire roder med hver sin rodemester. 64 brannsvenner skulle gjøre tjeneste sammen med vekterne. Det ble innført feieplikt og skorsteinskontroll. Brannfarlige varer skulle lagres på Bakklandet og det ble forbudt med bruk av bart lys i bryggene. Denne organiseringen var neppe skikkelig gjennomført da ny brann brøt ut i 1708. Munkegata og Kjøpmannsgata var effektive brannskiller, så bryggene og bebyggelsen vest for Munkegata ble berget, men begge kirkene fikk skader, og alle hus mellom Munkegata og Kjøpmannsgata brant ned. Brannvesenet ble igjen forbedret, og to store branner i 1717 fikk begrenset omfang som følge av bedre brannsprøyter og effektiv organisering av slokkingsarbeidet. Dermed satset byen enda mer på brannvesenet, og helt fram til 1788, da det nordøstligste kvartalet i byen ble avsvidd, var det bare mindre branner.

Det var fra gammelt av brønner i gårdene, 6-7 meter dype, med lafta vegger. Brønnene kunne få tilsig både fra fjøs og doer og avfallshauger, og lå gården nær elva eller sjøen, kunne det bli saltsmak av vannet. Det ble vanlig å hente vann i Ilabekken vest for byen, men dit var det jo et bra

Borgerhusa fra 17- og 1800-tallet er blitt attraktive boliger etter etterkrigstidas gradvise forslumming. Denne husrekka ligger langs Hospitalsløkkan

Urban houses from the 18th and 19th centuries have become attractive properties after the post-war deterioration. This row of houses stretches along Hospitalsløkkan

stykke å gå. Omsider, i 1777 sto et vannverk ferdig: Fra en inntaksdam et stykke opp i Ilabekken var det gravd ned uthulte stokker innover til byen, med vannpost i gatekryssene. Disse hadde ikke kran, så vannet rant dag og natt, men det var ordnet med spillvannsrør fra vannpostene og ned til sjøen eller elva. Vannverket styrka nok både hygienen og brannvernet.

Gatene lå mørke og dystre på kvelds- og nattetid. Gatelykter ble ikke tatt i bruk før etter 1800, og skulle man ut og gå en mørk høstkveld, kunne det bli en tur med overraskelser. Tømmer og bord og vedstabler kunne ofte bli liggende i gata, og her og der måtte man regne med å skli og snuble i skitt og søppel. Noen organisert snøbrøyting fantes ikke, så folk måtte måke og feie for egen dør.

Bryggene langs Nidelva sett fra Bakklandet med Bybroen fra 1861 i bakgrunnen. Her var Trondheims havn fra 900-tallet til slutten av forrige århundre. De eldste bryggene som står i dag er fra tidlig 1700-tallet

The quays along the Nidelva viewed from Baklandet, with the City Bridge from 1861 in the background. This was the site of Trondheim's harbour from the 10th century until the end of the 19th century. The oldest of the quays date from the early 18th century

Ennå møter man trebyen fra 1800-åra når man vandrer gjennom Trondheim sentrum. Her er handels- og håndverkergårder i Taraldsgårdsveita

Parts of the old wooden town from the 19th century are still evident in the city centre. These are the trade and craftmen buildings in Taraldsgårdsveita

Presten Maschius´ kobberstikk fra 1674, det eneste prospekt av byen før den store brannen i 1681. Maschius har sittet på brinken overt Bakklandet og sett ned på byen

Priest Maschius' copper engraving from 1674, the only prospectus of the city before the major fire in 1681. Maschius sat on a ridge of land above Bakklandet, overlooking the city

RI INCISA HIC EXHIBETUR Aº J674

kirken höjt berömmes kand,
Med Sandhed kand mand sige,
dend bleev skad af jlde brand,
Dend neppe havde lige.

I kober jeg udstukken sees,
Som ded nu kand begvemme,
I kröniker min roes betees.
Min velstand Gud forfremme.

A Domkirken
B Proviant Bryggen
C Broen over Elven
D Lystskiffet til Gaars Haven
E Haffnen
F Tucthuſſet
G Noſt og smaa huſſer paa backlan
H Jegter
I Söbrygger

K vaar Frue kircke
L Raad huſet
M Hoſpitals kirke
N Schantz Porten
O Stein burget
P Diger muren
Q Tolboen
R Munkeholm
S Elven kaldis Nider

Gårdeierne hadde alltid hatt en tendens til å ta i bruk gategrunnen til utvidelse av eget tomteareal. Ser vi på byprospekter fra begynnelsen av forrige århundre, ser mange av gårdene ut til å ha bislag, utbygg og karnapper som stikker langt fram i gata. Noen satte også stakitter foran husa og hadde en liten forhage. Etter hver storbrann ble byggelinjene innskjerpet, men spesielt etter brannen og den nye reguleringen i 1681 syntes folk gatene ble så breie at et lite tilbygg her og der ikke burde spille noen rolle. Byens politimester forsøkte i 1700 å komme med påbud om huseiernes ansvar til å anlegge fortau og ta ansvar for å holde dette ryddig. Selve gata skulle være byens ansvar. Brolegging ble påbegynt etter midten av 1700-tallet, men det kom stadig til diskusjoner om hvem som skulle bære kostnadene, så det var først langt inn i neste hundreår at alle gatene var brolagt og fortauene hadde fått sine steinheller.

Byen hadde fra gammelt av en inndeling i strøk for «de fine, de mindre fine og de simple», og denne inndelingen holdt seg til langt inn i vårt århundre. Kjøpmennene som hadde brygger langs elva holdt til langs Kaupmannastretet. Da Cicignon skar tomtene mot elva i to med den nye Kjøpmannsgata, ble gårdene deres liggende som en bymur oppe på brinken. Her bodde Angell og Hagerup, Lorck og Hornemann og de fleste av de andre storkjøpmennene. Krambuhandlerne og nordfarerne holdt til nedover mot fjorden, mens skippere og sjøfolk bodde nordvest i byen. Lengst opp i byen, mot domkirkegården, bodde prestene, etterhvert også embedsmenn og noen kjøpmenn. På Bakklandet var det skippere og kjøpmenn som hadde bryggeeiendommene mot elva, mens det inn mot skrenten bodde håndverkere, vertshusholdere og vognmenn. Langs innfartsvegen over Ilevollene, mellom Steinberget og Skansen, var det også tett mellom verts-og losjihusa. Trelasttomtene lå på rekke og rad langs stranda i Ila, og her bod-

Adresseavisens gård lå på vestsida av Søndre gate, men kom i veien for de store bankutvidelsene og ble revet i 1970-åra for å gjenoppsettes i Erling Skakkes gate.
Dessverre er det bare en del av fasadeutstyret som er bevart, montert på en trygdebolig med samme ytre mål som den opprinnelige bygningen.
Bygningen ble oppført av kjøpmann og kanselliråd Henrik Lysholm omkring 1760. Trolig var det Henrich Kühnemann som bygde huset. Navnet «Adresseavisens gård» fikk den fordi avisa ble trykt her i nesten 100 år, fra 1828
Adresseavisen's building stood on the west side of Søndre gate, but since it impeded the large-scale development work of the bank building it was dismantled in the 1970s and then re-erected in Erling Skakkes gate.
Unfortunately, only a section of the frontage has been preserved. The building was constructed by Henrik Lysholm around 1760, and took its name from the newspaper, Adresseavisen, that was printed here for about 100 years, from 1828

de mange av de som arbeidet i trelastbrukene. En del fiskere og sjøfolk hadde også tilhold her.

Dette bosettingsmønsteret holdt seg utover 1800-tallet, men etterhvert som «Søgadepatrisiatet» ble svekket og det nye borgerskapet vokste fram, ble det bygd store og staselige gårder også lengre vest i byen. To storbranner i 1841 og 1842 la det meste av byen nord for Kongens gate i aske, men den gjenoppbygde byen med sammenhengende toetasjes trehusrekker, langs breie brolagte gater med treplantinger må ha vært et vakkert syn.

Selv om det mot slutten av hundreåret og fram mot midten av vårt århundre kom opp en hel del bygninger som både i størrelse og utseende brøt med den gamle trehusbebyggelsen, var det likevel den som dominerte bybildet til omkring 1960. Fra da av og utover til vernetanken fikk politisk gjennomslag mot slutten av 1970-åra, skjedde en dramatisk desi-

Munkegata 4, Ekserserhuset, ble oppført i 1805-06 som militær gymnastikksal. Det er oppført i bindingsverk istedenfor tømmer, og hadde opprinnelig jordgolv. Det som kjennetegner huset er den klassisistiske portalen med det segmentformete overstykket over gesimsen, som hviler på toskanske søyler

Munkegata 4, Ekserserhuset, was erected in 1805-06 as a military gymnasium. It has a half-timbered framework construction instead of timber logs, and the floor was originally earth. The building's main feature is the Classical gateway with the segmented upper parts over the cornice, which rests upon two Toscany columns

Kong Carl Johans arbeidsstiftelse.
Da repslager og stadthauptmann Chr. H Weibye oppførte dette anlegget, i 1802, lå det på landet, selv om avstanden inn til den tette bybebyggelsen bare var noen få hundre meter. Anlegget består av et monumentalt hovedhus som ligger vendt mot byen, og en uthusbygning. I 1842, etter den store brannen i Løkkan og Sanden, flyttet arbeidsstiftelsen inn, bl. a. var det fra 1847 til 1868 «Arbeidsskole for fattige Pigebørn» i gården

King Carl Johan's labour institution.
When the ropemaker and city councillor, Chr. H. Weibye, had this building constructed in 1802 it was in rural surroundings, though it was only a few hundred metres away from the built-up urban area. The labour foundation took over the building in 1842

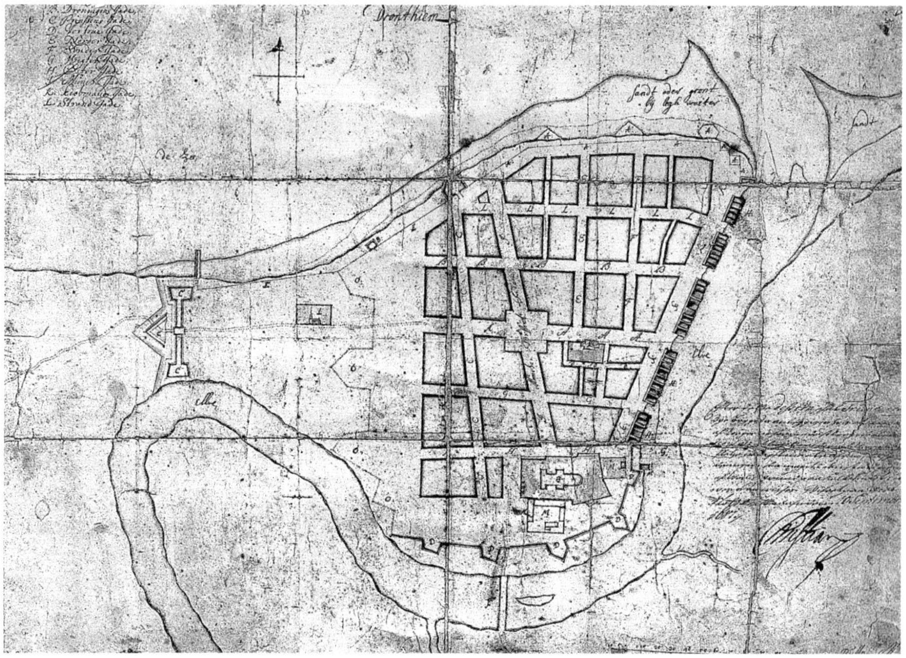

General Johan Caspar von Cicignons byplan fra 1681

General Johan Caspar von Cicignon's city plan from 1681

mering av Trondheims gamle trehusbebyggelse. I dag er bare et fåtall av trepaleene i sentrum bevart.

Bygningenes utvikling

General Johan Wibe kom til Trondheim i 1683 som øverstkommanderende for det nordafjelske. Han hadde blant annet til oppgave å gjennomføre byggingen av festningsverkene og å følge opp reguleringsplanen fra 1681. Etter brannen i 1708 ivret han for at planen måtte revideres med flere branngater. Han skrev også et forslag til brannforordning med innføring av murtvang, men hverken de ekstra branngatene eller murtvangen ble det noe av før i 1840-åra. Byens rådmenn, som også var gårdeiere og husbyggere, mente gatene ville stjele for mye verdifullt areal, og murhus ble atskillig dyrere enn trehus. Men ett av Wibes tiltak fikk gjennomslag: Sammen med forslagene til bedre brannsikkerhet utarbeidet han planer for boliger tilpasset forskjellige borgeres økonomiske evne. Alle hus skulle ha en gesimshøyde på ni alen, så standardiserte brannstiger kunne benyttes. Planene baserte seg dels på eksisterende bygningstradisjon i Trøndelag, dels på ideer utenfra. En av hans typeplaner finner vi igjen i Hans Nissen-gården, og flere bygninger fra første halvdel av 1700-tallet har gjennomført Wibes gesimshøyde.

Følger vi trøndersk byggetradisjon bakover i tid, er treromsplanen den vanligste. Denne hustypen hadde ett rom som gikk i hele husets bredde og to rom som delte huset på langs. Etterhvert som det ble vanlig å bygge i to etasjer, mot slutten av 1700-tallet, ble trappa lagt i gangen, og kleven kunne få grue og bli tatt i bruk som kjøkken mens stuene fikk støpejernsovner.

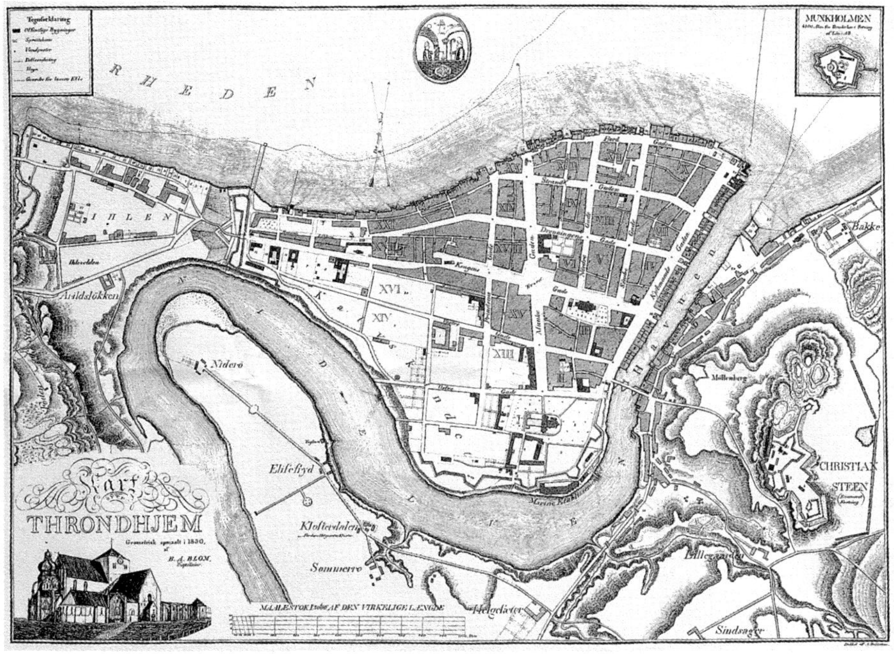

Bloms kart fra 1830

Blom's map from 1830

Huset kunne bli skjøtt på med en gjennomgående stue eller et langkammer, eller det kunne bli bygd en ny treromsenhet. Slik oppsto de lange trønderlånene som preger landskapet fra Dovre og nordover.

I byen finner vi fra omkring 1800 flere eksempler på «parstueplanen» med trapp i gangen og kjøkken i rommet bak, men svalgangshuset var også vanlig. Dette var en videreføring av middelalderens loft, som igjen var nær beslektet med bryggene. Trappa gikk opp til svalgangen, som kunne være åpen eller ha vegg av stavverk. Denne hustypen egnet seg godt på de smale og dype tomtene, og svalgangshus har vært bygd i Trondheim til langt opp i forrige århundre. Grunnen til at svalgangsløsningen holdt seg så lenge i Trondheim og andre byer kunne være at den ga god adkomst til rommene i annen etasje, hvor det ofte kunne være flere leieforhold.

Utover 1600-tallet kom det sterkere ønsker om å ha en representativ fasade, og etter branner og ved ombygginger ble langveggen lagt langs gata. General Wibes plantyper innfører barokkens krav til symmetri, og flere av hans planer viser hus med en gjennomgående gang på midten av huset. Gangen har trapp til annen etasje og dører til gjennomgående rom på begge sider av gangen.

Det var nok også folk blant innvandrerne på slutten av 1600-tallet som brakte nye ideer og påvirket utforminga av hustypene. De nye breie gatene ga også inspirasjon til mer representative bygninger. Svalgangshuset og treromsplanen ble erstattet av bygninger med en mer symmetrisk planløsning, ofte med murte paléer i utlandet som forbilder. De fleste større kjøpmannshusa som ble bygd etter storbrannen i 1681 hadde hvelvkjellere med solide jerndører, først og fremst for å kunne sikre verdier og forråd i tilfelle brann, men også for å ha en høy og imponerende mur å sette huset på, med en fornem trapp opp til inngangsportalen.

Etterhvert som folketallet økte, ble bygrunnen tettere utnyttet, og de mange enkeltbygningene på hver tomt ble bygd sammen eller erstattet med sammenhengende bebyggelse. Vi fikk det typiske trondhjemske byhus, med innkjørselsport på den ene sida av huset, inngang til boligen direkte fra gata, og med én eller to sidefløyer og en bakbygning i gården.

Peder Tønders gård, hvor Christian Hansen Gartner hadde stått for hageanlegget, og kanskje også vært rådgiver da huset skulle planlegges, hadde en fasadelengde langs Geilan på 150 alen. Den lange bygningen besto av et midtparti i to etasjer og to enetasjes sidefløyer. Her var barokkens midtgangsplan kanskje for første gang innført i Trondheim.

Leangen, gårdsplassen med sidebygningen til høyre. Den manglende symmetrien kan skyldes at anlegget er bygd opp over et eller flere enetasjes hus som sto her tidligere. Klokketårnet skriver seg fra en ombygging i 1880-åra
The Leangen estate with the annex on the right. The lack of symmetry may be due to the site being developed over one or more one-storey houses that stood here earlier. The clocktower dates from rebuilding work done in the 1880s

Thomas Angells Stuer, fattighjemmet for «de aktverdige kvinner med god presteattest», ligger på den gamle strandterrassen på sørsida av Kongens gate. Over den høye kjøreporten med sitt barokke overstykke ligger kapellet
The Thomas Angell Rooms, an almshouse for «respectable women with good references from the priest», stands on the south side of Kongens gate. Above the high gateway, with its Baroque upper part, is the chapel

I 1687 bygde general Wibe seg hus der Stiftsgården nå ligger, og med Christian Gartners hjelp anla han en hage som er forløperen til dagens Stiftsgårdshage. Wibe, som hadde bodd tre år i Nederland, hadde hentet sine forbilder både derfra og fra Frankrike. Fra Holland hadde han også fått med seg en murmester, Johan Christopher Hempel, som var beskjeftiget på både Kristiansten og Munkholmen. Anlegget ved Munkegata var formet som en U som åpnet seg mot gata. Hovedhuset lå altså tilbaketrukket mellom gårdsplass og hage, slik en kan se det i franske bypaleer fra 1600-tallet. I 1690-åra kjøpte Wibe Lade gård og flyttet ut dit i 1700. Trolig var det Hempel som hadde planlagt begge disse anleggene. En perspektivtegning av Lade og et fasadeoppriss av generalsgården i Munkegata viser samme strek og stil. De enetasjes bygningene som vi dessverre bare kan betrak-

Stiftsgårdens innkjørselsport. Triumfbuemotivet med seierskransen over døra og de lette rankene på sidestolpene er karakteristiske for Louis-seize-stilen

The carriage entrance to Stiftsgården. The archway motif with the victory wreath above the doors and the vines on the side pillars are characteristic Louis XVI-style

Tre stadier i utviklinga av trønderlåna med treromsplan øverst

Three stages of development of the Trøndelag dwelling house with the three-room plan uppermost

te på disse arkitekttegningene fra barokkens barndom i Trondheim, har valmete svarte tak, pilasterinndelte og dekorerte vegger, høye vinduer med forseggjort omramming. Gjerdene som binder bygningene sammen har markerte stolper og portene er i smijern med utbroderte ornamenter over. Det kan vel tenkes at bygningene så mer nøkterne ut da de sto ferdige enn på murmesterens tegning. Men selve tegningene bærer bud om et tidsskille i det trønderske byggeriet: Istedenfor å bygge huset slik far og farfar hadde gjort, blir det vist fram tegninger som man kan drøfte med en profesjonell fagmann før byggingen starter, ja man kan til og med studere oppslagsverk om arkitektur og finne forbilder å etterligne eller improvisere over. Brannmester, organist, planlegger og komponist Johan Daniel Berlin etterlot seg flere slike verk da han døde i 1787.

Utover 1700-tallet er det nettopp dette som skjer langs de nye og rette gatene i Trondheim: En improvisasjon over barokkens uttrykksformer sammenblandet med regional byggemåte og tradisjonelle planløsninger, tilpasset de enkelte tomtenes form og eiernes økonomi. Byprospekter fra 1700- og begynnelsen av 1800-tallet viser et behov for å markere seg i bybildet og stige ut av den anonymiteten vi ser i Maschius-stikket fra 1674.

Fortsatt er tømmerhuset nesten enerådende. Og lafteteknikken, hvor tømmerstokkene blir lagt topp mot rot oppå hverandre og bundet sammen med forskjellig slags uthogging ved hjørnene, har sine spesielle spilleregler, som alltid har vært utnytta til å gi bygningen estetiske kvaliteter. I middelalderen, da tømmerveggen sto uten kledning, ble stokkene teljet til forskjellige profiler og spesielt forseggjort og dekorert ved novene, som hadde ulik, men dekorativ utforming. På Vestlandet finner vi tømmerhus fra 1700-åra hvor stokkene er økset helt plane og bare har en liten v-fuge mellom seg så den grønnsåpeskurte veggen framstår som en glatt flate. Men i Trøndelag, og spesielt i Trondheim, har man siden først på 1700-tallet nesten alltid skjult tømmeret. Til gjengjeld ble det lagt mye omtanke i paneling og innvendig veggkledning.

Den vanligste bredden på trønderlåna – det trøndersk våningshuset – er 5-6 meter. Dette skyldes både at stokkene som ble brukt til lafting ikke skulle være tyngre enn at to mann kunne håndtere dem, og at bjelkene, som i annen etasje spenner fra langvegg til langvegg, lett vil få svikt dersom spennet blir lengre. Men på 1700-tallet ble den såkalte dobbeltromplanen introdusert, med langsgående bærevegg, som ble plassert slik at man fikk ett dypt rom mot gatefasaden og et grunnere rom mot gården.

Der tverrveggene i et tømmerhus ble laftet inn i langveggene, fikk man utstikkende nov som ble kledd inn og skapte en vertikal inndeling av den lange fasaden. Bygde man med stor etasjehøyde, og satte høye vindusåpninger i tømmerveggen, ble det behov for å stive av veggen med strekkfisker (stolper som ble festet til tømmeret med gjennomgående bolter). Novkasser og strekkfisker ble etterhvert utnytta dekorativt, og sammen med vindusplasseringen ga de veggen en rytme som kunne varieres fra hus til hus. Denne vertikale inndelingen av fasadene ble spesielt utnytta gjennom hele 1700-tallet. Først da empirestilen slo gjennom rundt 1800 fikk bygningene et flatere preg, med sterkere horisontal understreking. Da ble det vanlig med sinklaft uten utstikkende nov. Det ble i mange tilfeller gjort forsøk på å illudere murarkitektur i utforming av bygningselementer eller ved fargesetting.

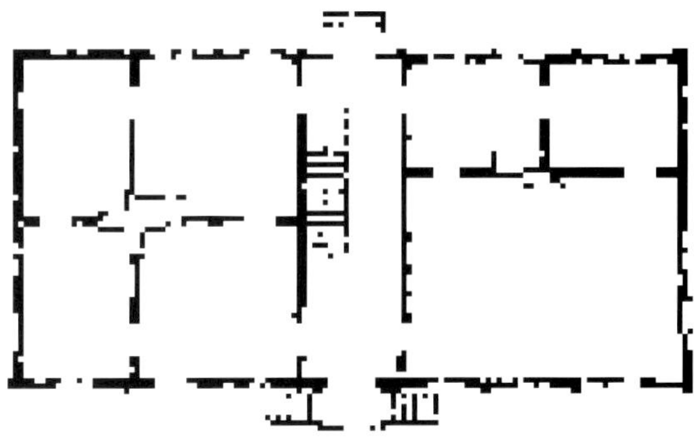

Midtgangshuset med «dobbeltromplan»

The middle hall house with double-room plan

I middelalderhuset kom det bare dagslys fra ljoren i taket, seinere kom det glassruter med blyinnfatning. Fra omkring 1700 kom det større og klarere glassruter som ble satt i tresprosseverk. De fleste husa hadde vindusskodder i første etasje. Det ble lagt mye omtanke i inndelinga av vinduene, og i utforming og profilering av vindus- og døromramminger, og det er her vi kan se de største utslagene av snekkerglede og stilbevissthet.

Innvendig ble nok mange av rommene fortsatt stående med ubehandla eller malte tømmervegger. I finere rom kunne tømmerveggene være dekorerte med akantusranker eller landskapscener. Etterhvert ble det vanlig å panele stasrommene, som oftest med et glattkantpanel som egnet seg både for dekor og tapet. I de fornemste interiørene finner vi innvendige vegger trukket med strie på blindrammer, og med tapet limt til strien. De fineste rommene kunne også få veggene inndelt i felter med pilastre mellom. Etterhvert ble dette ganske vanlig i småborgerhus og på gårdene i distriktet. Golvene var utført av breie furubord, som regel ble de kvitskurt, men det kunne også hende at de ble malt og fikk en dekor nærmest veggene. Det ble lagt mye arbeid i takene, enten de hadde synlige bjelker eller var nedforet og pusset eller strukket. De fineste takene ble pusset på et lag av tynne kvister og halm festet til bjelkelaget, og deretter ornamentert med stukkornamenter. Det var også vanlig med stukkdekor på brannmurer og rundt ovnsnisjer.

Det skulle dyktige byggmestre og håndverkere til for å få utført de store byggearbeidene på 1700-tallet. Noen kjenner vi navnet på. Den hollandske murmesteren Christopher Hempel har vi allerede nevnt, han opererte både som arkitekt og entreprenør. Han planla og bygde rådhuset, som sto ferdig i 1706, og som sikkert ga inspirasjon til noen av bolighusa utover i hundreåret. Det var også han som introduserte den åttekanta kirkeplanen i Norge med tegningene til Hospitalskirka.

Den som mer enn noen kom til å sette sitt preg på trearkitekturen i Trondheim og Trøndelag på 1700-tallet var Heinrich Kühnemann. Han var født i Arkhangelsk i 1711, og ble opptatt som mester i Trondheims snekkerlaug i 1736. I 1742 fikk han i oppdrag å være snekker for altertavla

Dronning Mauds salong i Stiftsgården, med møbler i Louis-seize-stil utført til kroningen i 1906
Queen Maud's drawing-room in Stiftsgården, with Louis XVI-styled furniture designed for the coronation in 1906

Leangen. Portalen mot gårdsplassen har en kraftig kvaderomramming. Glassdørene og trappa med smijernsrekkverket er fra 1916-ombyggingen
Leangen. The gateway to the courtyard has a strong ashlar surround. The glass doors and steps with wrought iron railings date from the rebuilding work done in 1916

i domkirka, den står nå i Vår Frue kirke. I 1768 laget han også altertavle til Bakke kirke. Og han var arkitekt og byggmester for en rekke av de mest markante bygningene i Trondheim, han blir bl. a. nevnt som arkitekt for Harmonien.

Johan Daniel Berlin er også nevnt som mulig arkitekt for Harmonien. Han var født samme år som Kühnemann i Memel, og kom til Trondheim som Stadsmusikus i 1737. I tillegg til å være organist i domkirka, var han brannmester og sto for anlegget av vannverket. Han tegnet flere utkast til ny katedralskole, men oppdraget gikk til den danske akademiprofessoren C.F. Harsdorff. Berlin var en allsidig begavet og vidt orientert person, og hadde helt sikkert sitt å bidra med når nye byggeprosjekter ble diskutert.

Den store innrederen, først og fremst når det gjaldt stukkarbeider, men som også tok på seg å utføre veggdekorasjoner, var J.C.C. Michaelsen, som var innvandret fra Flensburg. Ellers var det flere malere med akademiutdanning fra København som fallbød sine tjenester i Trondheim på slutten av 1700-tallet, både som portrettmalere og for å utføre større veggmalerier. Fra slutten av 1600-tallet er det flere som tar borgerskap som stolmakere. De utførte også andre møbler, alt etter utenlandske forbilder. Gullsmedlau-

get hadde 5-6 medlemmer, og forsynte de velstående med sølvkrus og kanner, fat og tallerkener, skjeer og kniver. Ellers ble det brukt mye tinn, og byen hadde eget kannestøperlaug. Pottemakere var det mange av i Trondheim på 1700-tallet, så byen var selvforsynt med keramikk, men porselen og glass ble importert. Veverlauget leverte både damask, lerret og forskjellig slags klede, og farging av stoff var også registrert som eget håndverk. Alt i alt var byen stort sett selvforsynt med det meste av håndverksprodukter, og innenfor de fleste fagene holdt produktene høy kvalitet.

Folk i byen

I 1769, det året da Cicilie Christine Schøller ble den rikeste enka i byen, ble det holdt manntall, som viste at det var omtrent 7500 innbyggere i Trondheim. En mer presis folketelling ble holdt i 1801, og nå var innbyggertallet steget til 8846. Denne folketellingen gir en detaljert inndeling i yrkesgrupper som viser oss et differensiert og klassedelt bysamfunn, der de fattigste «almisselemmer og dagleiere» utgjorde mer enn en fjerdedel. Storkjøpmenn og patrisier var en liten elite, med fornemme titler og utenlandske navn. Vi

Øvre del av Nordre gate med Vår Frue kirke i bakgrunnen

The upper part of Nordre gate, with «Vår Frue» church in the background

kan nevne f. eks. Gerrit Hornemann som arvet en tredjedel av den enorme formuen etter sin fars død i 1764. Han kunne kjøpe seg hus både i byen og på landet og dertil en kammerherretittel som det sies at han betalte 10 000 riksdaler for. Den tida han var generaltollforpakter hadde han 900 riksdaler i årslønn.

I motsatt ende av rangstigen var nattmannen. Han bodde i solid avstand fra «Søgadepatrisiatets» fornemme boliger i et lite krypinn lengst ute i Sanden. Hans oppgave var å tømme doene, ta seg av selvdøde husdyr, og å fjerne likene til de som var blitt hengt eller halshogd. Han hadde en årslønn på 50 riksdaler. Det verste for nattmannen var at han og hans eventuelle familie ble sett på som urene mennesker som ingen måtte komme i kontakt med eller slippe innomhus. Selv de spedalske som bodde i Hospitalet hadde mer sosial omgang.

Forholdene i Hospitalet var elendige, ikke bare etter dagens målestokk. I 1770-åra ble de hygieniske forholdene riktignok litt bedre enn de hadde vært før. Det ble innført regler for utlufting, og sengetøyet ble beordret renset i badstua én gang i året!

Fattiglemmene fikk utdelt fem riksdaler i året av fattigkassa, og litt ekstra i høytidene. Men det var slett ikke plass til alle trengende i byens fattighus: Hospitalet, Fattighuset, Tukthuset, Waisenhuset og St Jørgens hus, derfor var det mange som gikk gatelangs og tigget. Grunnene til fattigdommen kunne være mange, den viktigste var nok den å være født fattig. I uår, med regn og frost i kornåkrene, og når fisket slo feil, kunne folk fra de nærmeste bygdene søke til byen i håp om å finne en måte å overleve på, og dette økte selvsagt andelen av fattige og tiggere.

Byen hadde ikke fødselsoverskudd, gjennom hele det 18. århundret var det flere dødsfall enn fødsler i byen. Likevel vokste innbyggertallet fra ca 5 000 i 1700 til 8 800 i 1800, noe som utelukkende skyldtes innvandring. Den høye dødeligheten skyldtes epidemier som hadde sammenheng med matmangel og lite variert kosthold, trangboddhet og dårlig hygiene.

Arbeidsfolk som levde av daglønnet arbeid hadde det trygt og sikkert så lenge det var arbeid å få. Men hadde de familie som skulle forsørges, skulle det ikke lang arbeidsledighet til før sulten banket på døra. Den vanlige daglønna var på 1/4 riksdaler, mens en tønne sild kostet 3 rdl og en våg (18 kg) byggmel kostet nesten tre dagslønner. Mange hadde sesongbetont arbeid – for eksempel de som var sjauere på bryggene ved elva eller på bordtomtene ute i Ila. De fleste bodde til leie, og ble ikke leien betalt i rett tid, var det utkastelse uten om og men. Tjenestejenter, drenger og håndverkssvenner hadde som regel kost og losji hos husbond eller mester, men lønna de fikk i tillegg var sjelden slik at de kunne starte for seg selv og stifte familie.

H.S. A.S.
17 73

De som fikk borgerskap i byen hadde enten et yrke som kjøpmann, skipper eller håndverker, og for disse gruppene var utsiktene til avansement, velmakt og status lysere. Mange skippere gikk over til å bli kjøpmenn og håndverkere kunne arbeide seg opp til rikdom.

I det militære var det samme rangordning som nå, og det samme gjaldt vel i den offentlige administrasjonen, som hadde vokst til et lite byråkrati utover i 1700-åra. Fra løytnant og oppover fikk man komme i selskap hos de kondisjonerte, i alle fall om familienavnet var fint. I embetsverket og lærerstanden kunne det vel være spørsmål om man hadde råd til å gå i selskap, for det krevdes jo ofte at man selv inviterte til gjenvisitt.

På en vandring gjennom bygatene i Trondheim i 1780-åra ville vi både ha sett store forskjeller mellom bygningene og mellom de som bodde i dem. I Midtbyen bodde det dobbelt så mange mennesker som nå, og med unntak av kirkene, bryggene, rådhuset og de få skolene, var alle hus i byen bebodd. Det ble handlet, snekret, smidd, bakt, hogd ved, slaktet, eller matet griser og høns langs hver eneste gate eller veit. De fleste av de vi møtte ville være kledd i vadmel og lin, og gå barbeint eller i treklogger. Men

Henrik og Anne Cathrine Schødt´s initialer på inngangsportalen til Gjesvål. Skjellet som kroner denne barokkportalen skal være byggmester Henrich Kühnemanns varemerke

Henrik and Anne Cathrine Schødt's initials on the entrance gate to Gjesvål. The shell crowning the Baroque gate was the trademark of the builder, Henrich Kühnemann

Kursalen i Stiftsgården sett mot «forgemakket». Stukkornamentene i taket, de såkalte rocailler, danser i luftig lek over rommet

The reception room in Stiftsgården. On the ceiling the stucco ornaments, the rocaille, dance lightly overhead

andre ville komme spradende høyreist og hovmodig i fargerike jakker, pudrete parykker og blanke svarte ridestøvler. Soldater, offiserer og øvrighetspersoner gikk i uniformer og bar hatter med medaljonger og gullsnorer. Noen ville komme kjørende i elegante vogner med to eller fire hester foran, kanskje på veg til visitt eller selskap.

Selskapeligheten hos det øvre skiktet ble mer omfattende og pompøs etter 1750 enn den hadde vært før, da man hadde nøyd seg med sammenkomster ved bryllup og begravelser, eller i forbindelse med kongebesøk. Nå ble forskjellige slags påskudd benyttet til selskapelighet – som for eksempel at en tilreisende vitenskapsmann med gode referanser besøkte byen: *Spiste til Middag hos Frue Lysholm paa hendes smucke Gaard Havsteen som ligger henved 1/2 Mil fra Byen, sad imellem Bispinde Schønheyder og Frue Lysholm, talte foruden med mine Naboer med Stiftamptmand Fieldsted, en meget oplyst Mand (en indfødt Islænder) og med hr Meincke, en indsigtsfuld Kiøbmand; der blev talt om Giæring mellem Engelland og Spanien, om hvilken Nødvendighed det var for Trundhiem at have en Giestgivergaard ... om Nationaldragten etc. ... Gik efter et prægtigt Maaltid ned og røgte Tobak alle Mandfolk, beundrede den fortræffelige Udsikt over Tronhiem og dens Fiord, ...* (Frederik Sneedorfs dagboknotat 7. juni 1791)

Ellers var kongelige fødselsdager et godt påskudd til å holde selskap, som da prinsesse Lovise fylte år 30. januar 1782. Grev Schmettow, som var svigersønn av fru Mølmann, hadde invitert de fleste av byens standspersoner, embetsmenn og fornemme innvånere til et «*Tractement*». De innbudte møttes i Mølmanngården på Torget i tretida på ettermiddagen og kjørte i 70 sleder gjennom byen. Først dro selskapet til Schmettows lystgård Leangen for å innta forfriskninger. Da de dro videre til Rotvoll – som også tilhørte Schmettow – ble det saluttert og skutt med kanoner, og et lite orkester spilte underveis fra en spesialbygd slede. På Rotvoll var det hengt lykter i alleen, det var lys

Søndre gate, sett nordover. Gården til venstre er «Altona», som i 1880 ble flyttet til Kirkegata
A view of Søndre gate, looking north. The building on the left is «Altona», which was moved to Kirkegata in 1880

i alle vinduene og følget kjørte gjennom en æresport inn på tunet hvor prinsessens navn var skrevet med levende lys i en snødunge. Så dro de tilbake til byen via Leangen, under full musikk, og oppover Bakklandet hadde folk satt lys i vinduene. Tilbake i Mølmanngården ble det spist og drukket og danset til klokka fire om morgenen. I slike selskap satt man på stoler polstret med gyldenlærs trekk, det var damaskduk på bordet, lys i lysekroner og sølvstaker. Det ble spist med sølvbestikk på porselenstallerkener og skålt i krystallglass med vertskapets initialer inngravert. Ofte ble det spilt teater eller holdt konserter i forbindelse med selskapene. På kjøkkenet fikk kanskje tjenerskapet spise restene av et overdådig måltid, mens folk ellers i byen måtte ta til takke med grøt, sild og flatbrød, som de drakk surmelk til.

Men selvsagt var det andre måter å komme sammen på enn bare til selskaps. Hver søndag gikk man til kirke og her møttes høy og lav, men de fine hadde sine losjer oppetter veggene både i Domkirka og Vår Frue og på kirkegolvet var det også en rangordning.

Fra reformasjonen til 1800-tallet var Trondheim en landsdelshovedstad. Nidaros bispedømme dekket hele det nordafjelske Norge, og fra eneveldet ble innført i 1660 hadde både stiftamtmannen og generalen samme myndighetsområde som biskopen. Alle som hadde en sak å ta opp med statens representanter, enten saken var av geistlig, sivil eller militær art, måtte henvende seg til Trondheim.

Byen ble styrt av Magistraten, som fram til 1774 besto av presidenten, borgermesteren og fire rådmenn. Alle disse var kongelige embetsmenn, men det var bare presidenten og borgermesteren som hadde full lønn, i tillegg til ekstrainntekter som de fikk ved forvaltning av skifter. Rådmennene hadde i underkant av 200 rdl i året, og drev sitt kjøpmannskap i tillegg til rådmannsstillingen. Det lå både prestisje og innflytelse i det å tilhøre Magistraten, så stillingene var svært ettertraktet.

I tillegg til Magistraten hadde byen fra gammelt av en institusjon som ble kalt *De eligerte* eller byens 12 menn. Denne forsamlingen besto stort sett av kjøpmenn, som stadig var i konflikt med Magistraten om fordeling av byens utgifter, skatteregler osv.

Mens teatervirksomhet stort sett fant sted i forbindelse med festlige sammenkomster, hadde byen sitt musikkliv også utenom elitens selskaper. Militæret hadde sine faste musikere, spesielt blåsere og trommeslagere, som opptrådte ved forskjellige tilstelninger. Som stadsmusikant hadde Johan Daniel Berlin et slags monopol på å spille ved festlige anledninger i byen. Han var den sentrale musikkpersonligheten i Trondheim gjennom et langt liv. Fra 1768 ble det holdt ukentlige konserter, hjemme hos Berlin, hos andre private, eller på rådhuset. Det Trondhjemske Musikalske Selskab ble

Detaljer fra kabinettet i Stiftsgården. Speilskapet fra Altona og de forgylte psevdorokokko-møblene klinger godt sammen med veggfeltenes Louis-seize-dekor

Details of the study in Stiftsgården. The mirror cabinet from Altona and the gilded pseudo-Rococo furniture blend well with the Louis XVI decor of the wall panels

Leangen. Gullsalen med tapeter fra anleggets første tid, supraporter over dørene og rokokko stukkdekor i taket. Tapeter og stukkornamenter er fra 1820, klebersteinskaminen er fra ombygginga i 1916

Leangen. The golden room with wallpaper from the original building, headpieces above the doors and Rococo stucco decor on the ceiling. Wallpaper and stucco ornaments are from 1820, the soapstone fireplace is from the rebuilding work in 1916

stiftet i 1786 og fikk stor oppslutning. Den store teaterinteressen førte til at byen fikk Norges første offentlige teater i 1803, og sin egen teaterbygning – som fortsatt står – i 1816.

Trondheim gjorde et stort sprang inn i opplysningstida da Det Trondhjemske Selskab ble stiftet i 1760. Stifterne var biskop Johan Ernst Gunnerus, rektor Gerhard Schøning, og historikeren Peter Frederik Suhm. Gunnerus hadde lenge hatt ambisjoner om å opprette et vitenskapsakademi etter fransk mønster, og fant grobunn for denne tanken hos Schøning og Suhm. Stiftelsen fant også grobunn i det gode borgerskap i Trondheim, hvor det var tradisjon for å lese bøker og drive lærde diskusjoner. Byen var kjent for sine

Dronningens gate sett vestover med Stiftsgården til venstre bak. Da dette bildet ble tatt, rundt 1870, var gatene stort sett brolagt, men fortauene fikk enda vente på hellelegging. Treplanting langs gatene kom for alvor i gang i slutten av 1850-åra

Dronningensgate, looking westward, with Stiftsgården on the left behind. When this photo was taken, aruond 1870, the streets were for the most paved, though flagstones had not been laid on the pavements. The planting of trees along the streets did not start in earnest until the late 1850s

store boksamlinger, og hadde fått eget trykkeri noen tiår før. Schøning og Suhm kom også rett inn i de fineste sirkler gjennom sine giftermål – Suhm med datter av Lorentz Angell og Schøning med søster av den rike fru Mølmann. Vitenskapsselskapet, som var det første i landet fikk en aktiv start med de tre stifterne, og ga ut lærde avhandlinger på løpende bånd. I 1767 ble statuttene godkjent av kongen, og selskapet fikk det navnet det fortsatt bærer: *Det Kongelige Norske Videnskabers Selskab.* Selskapet fikk mye å si både for byen og for Norge, og kan på mange måter ses på som det første uttrykk for ønsket om et eget norsk universitet. Selskapet hadde forskning og formidling som fremste formål. Selv om forskningsaktiviteten avtok da både Suhm og Schøning flyttet fra byen, og Gunnerus døde i 1773, fortsatte selskapet som det fremste kulturelle møtestedet i Trondheim. Boksamlingen vokste, og selskapet mottok pengegaver som gjorde at det kunne gi ut sine skriftserier med avhandlinger om vitenskapelige emner og støtte forsknings- og opplysningsarbeid helt opp i vår tid. Det var nær kontakt med latinskolen, og etterat den nye bygningen sto ferdig i 1787 fikk Vitenskapsselskapet sitt tilhold der. Det ble etterhvert reist krav om en skole med et mer allmennyttig innhold, og ved hjelp av en testamentarisk gave fra Hilmar Meincke på 10 000 rdl kom Den Borgerlige Realskole i stand i

1783. Det var en skole som skulle ha en vid fagkrets, men med nokså lukkede opptakskriterier: Skolen skulle *«allene være for Embedsmænds, de distingverede, anseelige og fornemme Borgeres Børn»*. Det fantes også skoler for vanlige folks barn, noen private og fire offentlige. De siste ble kalt fattigskoler fordi undervisningen, som stort sett besto av kristendomskunnskap, skriving og regning, var gratis.

I 1767 hadde byen også fått sin avis, *Kongelig allene privileg. Tronhiems Adresse-Contoirs Efterretninger*, i dag kjent som Adresseavisen. Trondheim hadde mot slutten av 1700-tallet de fleste institusjoner og innretninger som kjennetegner en by: Borgermester, politimester, brannmester og stadsfysikus, skoler, sykehus og sosiale institusjoner. Men ulikhetene folk imellom var større enn ved inngangen til hundreåret, og dette ga seg også til kjenne i bygningsmiljøet.

Livet i byen

Helt fram til 1814 var de norske byene sidestilt politisk. Kongens København var maktsentret for tvillingrikene. Det var først og fremst handelsvolumet som avgjorde byenes størrelse. Ved folketellinga i 1801 hadde Trondhjem og Christiania omtrent samme innbyggertall, mens Bergen var større enn de to tilsammen. Omsetningen i de tre byene fordelte seg tilsvarende, men det er grunn til å tro at den økonomiske makta i Trondheim satt på færre hender, for noen av patrisierne i byen ved Nidelva hørte til de desidert rikeste i Norge.

Trondheim var ved inngangen til 1800-åra preget av optimisme og ekspansjon i handel og skipsfart. Men krigen fra 1807 til 1814, med blokade og uår, ble etterfulgt av økonomisk krise og mange konkurser. Det var først mot 1830 at det igjen begynte å gå oppover. Bruddet med Danmark, unionen med Sverige og orienteringen mot et mer demokratisk samfunn fikk selvsagt sitt å si for byens utvikling. Det kom andre inn i handelen enn de gamle flensburgerne, og velstand og kjøpekraft satt ikke lenger bare hos de få. Byen fortsatte å vokse, og ut gjennom hundreåret kom den til å skifte ansikt på mange måter: Kommunen ble en styrende faktor i byens liv, næringslivet ble omorganisert, det kom industribedrifter og nye institusjoner, og forbindelsen med resten av verden ble vesentlig forbedret da Trondheim fikk jernbane i 1870.

HANS NISSEN-GÅRDEN

Gården i gjenreist skikkelse ved Torget i Folkemuseets byavdeling. De to stuevinduene lengst til venstre, og inngangen med krambua ved sida under bislagtaket. Bak krambua skimtes porten

A reconstruction of the estate at the square in the Trøndelag Museum of Folk Arts, urban section. The two living room windows on the far left, and the entrance with the store beside under the porch roof. Behind the store is a glimpse of the gate

Storkjøpmennene i Trondheim bodde stort sett i Kjøpmannsgata – Søgaden. Hans Nissen var et unntak. I 1750 kjøpte han seg en eiendom ute i ytterkanten av borgerskapets by, lengst vest i Strandgaden, som nå heter Olav Tryggvassons gate. Det var en tomt som strakte seg ned til sjøen i godt og vel 50 meters lengde, med en bredde på 12,5 meter. Hovedbygningen ble oppført i 1723 og var et svalgangshus med innkjørselsport i øst. Det var sidefløy langs vestsida av gården og brygge og uthus mot sjøen. Opprinnelig hadde huset bare to rom i første etasje, men Hans Nissen foretok en del forandringer. Han panelte bygningen innvendig og innredet kontor og gjesterom i annen etasje. Her ble han boende til han døde i 1807.

Om Hans Nissen skriver Chr. Thaulow, som eide nabogården, i sin Personalhistorie: *«Kjøbmand Hans Nissen senior, fød 1727, (broder af Justitsraad Martinus Nissen), bekjendt som den der ved Testamente af 4. Juli 1787 oprettede et Legat, der næst Th Angell er det betydeligste her i Trondhjem ... De boede i Strandgaden i en liden gammel Rønne ved siden af Nedskriverens gaard ...»*

Men gården var standsmessig innredet med delvis dekorerte vegger, vakre utenlandske møbler og familieportretter og fargelagte kobberstikk på veggene. Hans Nissen kjøpte seg også en lystgård utenfor byen, Øvre Stubban, men viet nok sitt liv mer til forretninger enn til sledeferder og festivitas. Han etterlot seg en tønne gull.

Da Hans Nissen døde, var – i følge Thaulow – «*Gaarden efter almindelig Skik og Brug malet rød og hvid, saaledes at den havde Udseende af at være opført af rød Mursten.*» Hvorfor gården er så godt bevart og står med innbo og innredning som i Hans Nissens tid har sin forklaring: Han testamenterte gården til en søsterdatter som kategorisk nektet sin mann, Skipper Jens Christophersen, å gjøre noen endringer. Christophersens andre kone satt med gården til 1894, og testamenterte gården til grosserer Hartmann, men bestemte samtidig at hennes tjenestepike siden 1841, Birgithe Lie, skulle få bli boende og ha full råderett over huset så lenge hun levde. «*De Ting som har været i Huset har hun omhyggelig taget vare paa, saa intet deraf er gaaet tabt; noget nyt er heller ikke kommet til, og Huset er saaledes med sit Indbo nu et kulturhistorisk Minde af høit Værd. Birgithe Lie, fød 19. Septbr. 1822, døde*

Hans Nissens spartanske kontor i den lave annen etasje, slik det sto da han døde i 1807
Hans Nissen's austere office on the low-ceilinged upper storey, as it were when he died in 1807

Den innebygde svalgangen i annen etasje
The covered in passageway on the upper floor

Krambua med vinduet i ytterveggen oppheist. Ikke nettopp noe supermarked!
The store with the window raised in the outer wall. Hardly a supermarket!

Et av rommene i annen etasje har en primitiv rankedekor på veggen og i taket, og geometriske blomsterfigurer på døra. Slik dekor var vanlig tidlig på 1700-tallet
One of the rooms on the upper floor has a primitive vine decor on the walls and ceiling, and geometric floral designs on the door. Such decor was the custom in the early 18th century

den 25. juli 1912. Grosserer Helmer Hartmann forærede Bygningerne til «Bygningsmuseum for Trondhjem og Trøndelagen». Bygningerne blev i 1914 nedrevet, efter at de af Stadsarkitekt Pedersen var bleven opmaalt &c. … De Ting som fandtes i Huset ved Birgithe Lie´s død, havde hun bestemt skulde følge Gaarden, og alle disse Ting tilhører nu (1919) Bygningsmuséet».

■ HANS NISSEN'S ESTATE

Most of the wealthy merchants in Trondheim set up their residences along Kjøpmannsgata. Hans Nissen was an exception. In 1750 he bought himself a property on the outskirts of the urban centre, to the west along Strandgate, which is now called Olav Tryggvassonsgate. It was a plot of land that stretched to the coastline for about 50 metres with a breadth of 12.5 metres. The main building was constructed in 1723 and was a house with an open gallery on the upper storey and had its entrance gate in the east. There was a side wing along the west of the estate and a pier and outhouse towards the sea. Hans Nissen made a few alterations to the property, among others, by pannelling the building's

interior and installing an office and guest room on the upper storey. The estate was elegantly fitted out with partly decorated walls, attractive pieces of foreign furniture, family portraits and coloured copper engravings on the walls. He lived here until his death in 1807. His descendants bequeathed the house to Trøndelag Folkemuseum in 1912.

BYGNINGENE RUNDT TORGET

Det tok lang tid fra Cicignons reguleringsplan ble stadfestet til torget han hadde lagt på papiret ble til virkelighet. Men da den store byggelysten grep om seg blant patrisiatet fra 1760 og utover, kom det ene bygget mer monumentalt enn det andre, og ga vegger til det store byrommet. Det er bare de to anleggene langs Torgets østvegg, Hornemannsgården og Svaneapoteket, som står i dag, men mot slutten av 1700-tallet hadde Torget fått en omramming av representative trehus.

Harmonien

Tollforpakter og stiftamtmann Hans Ulrich Mølmann ble som vi har nevnt en ustyrtelig rik mann. Han giftet seg i 1750 med Gudlov Hveding. De hadde en trefløyet gård i Krambugata, men kjøpte i 1767 tomta på sørvestre hjørne av Torget. Her lå det fra før et enetasjes hus som Mølmann fikk revet før han satte i gang det storstilte byggeriet, etter alt det som er blitt fortalt, sterkt tilskyndet av fruen. Anlegget var det overlegent største bolighuset som til da var oppført i Trondheim. Det lå i vinkel med én fløy mot Munkegata som målte 43 meter og én mot Torget på 39. Huset ble bygd i to høye etasjer på en ca to meter høy grunnmur. I tillegg til at veggene i seg selv var ruvende, ble det både mot Torget og Munkegata bygd opp segmentformete midtarker. Dessuten hadde bygget såkalt seteritak med en ganske høy inntrukket loftsetasje. Innkjørselsportalen fra Munkegata hadde frodig utforming og praktrommene inne hadde stukkarbeider og veggmalerier. Fløyen mot Torget var representasjonsfløyen, med en pompøs trappehall og fem saler på rad i hver etasje. Hjørnerommet i annen

Svaneapoteket og Hornemannsgården danner østveggen i Trondheims åpne torg. Vår Frue kirke i bakgrunnen

The Svaneapoteket and Hornemannsgården mark out the east side of Trondheim's main square. Vår Frue church is in the background

etasje var utformet som festsal med scene. Bygningen ble overtatt av klubbselskapet Harmonien i 1825. Takoppbyggene ble revet og erstattet med valmtak en stund etter. Under krigen brukte tyskerne paleen som offisersklubb. I 1942 brøt det ut brann, og bygningen ble så brannskadd at den ble revet.

Hornemannsgården

Denne gården, som ligger så monumentalt til på østsida av Trondheims storslåtte torg, ble til i mange etapper fra ca 1720. Da ble det bygd en enetasjes vinkelbygning mot Kongens gate og Torget. Justisråd Henrik Hornemann kjøpte gården i 1765 og i 1780-åra satte han i gang større byggearbeid. Han beholdt hovedhuset og noen uthus, men bygde på en etasje og fikk et U- formet anlegg. Med sine to hovedinnganger fra Kongensgate avviker Hornemannsgården fra datidens strengt symmetriske fasader. Mellom de to inngangene i første etasje ligger to gjennomlyste saler med to stuer imellom. På eldre malerier ser vi at bygningen hadde et frodigere og rikere fasadeuttrykk enn nå. Det ble foretatt en del ombygginger i 1840, da fikk gården det empirepreget den nå har. Hornemann-familien solgte gården til kommunen i 1876. Siden har den både vært i bruk som leiegård og som politikammer, men i dag kan byens eldre møtes i de vakre høylofta rommene. Trondheim kommune arbeider nå med å gjenskape den opprinnelige romstrukturen i bygget.

Svaneapoteket

Dette er nok en av de bygningene trondheimsfolk er mest glad i. Da kommunen i slutten av 1960-åra godkjente at gården kunne rives for å gi plass til et 4-5-etasjers bankbygg, gikk folk i fakkeltog for å berge den. Bygnin-

Stiftmann Mølmanns palé, etter 1825 kalt Harmonien. Dette ruvende paleet lå på sørvesthjørnet av Torget. Foto av modell
Councillor Mølmanns palace, renamed Harmonien in 1825. The massive palace stood on the south-west corner of the square. Photo of model

Svaneapoteket med den markerte empireportalen
Svaneapoteket with the prominent Empire-style porch

Storstua i Hornemannsgården med den stukkdekorerte ovnsnisjen midt mellom dørene på østveggen
The main room in Hornemannsgården with the ornamental stucco stove recess in between the doors on the east wall

gen fikk stå, men bare som et ytre skall. Innvendig er det dessverre lite igjen av de vakre interiørene.

Apoteker og hoffagent Otto Sommer og hans kone, født Meincke, var også byggelystne personer. I 1774 kjøpte Sommer flere småhus ved Torget som han rev for å bygge sitt staselige palé. Det er et karréanlegg med en hovedbygning mot Kongens gate og sidefløy mot Torget. Sommer-paléet ble ikke fullt så prangende som Mølmanns, men var likevel en høyreist og staselig bygning med seteritak og en segmentformet midtark over hovedinngangen. Apoteker Møllerop kjøpte gården i 1832 og innredet Svaneapoteket i hjørnet der det fortsatt holder til. Taket ble gjort om til vanlig valmtak og fasadene fikk et mer nøkternt empirepreg. Da kom også den klassisistiske inngangsportalen med de doble søylene og svanen over.

Den gjennomlyste salen i vestfløyens første etasje. Veggmaleriet mellom dørene viser Tiber med St. Peters katedralen i bakgrunnen
The hall in the west wing's ground floor. The wall painting between the doors shows the Tiber with St. Peter's in the background

■ THE BUILDINGS SURROUNDING TORGET

Only two buildings along the east wall of the square remain intact now, but towards the end of the 18th century the square was flanked by impressive wooden houses. The most resplendent of all these buildings was Mølmann's palace, which was renamed Harmonien in 1825.

Harmonien

The customs commisioner and councillor, Hans Ulrich Mølmann, was an immensely wealthy person in the period 1750-70. He purchased plots of land on the south-west corner of the square in 1767. There was a one-storey house on the plot which Mølmann gave orders to be demolished, before starting the major building work, strongly urged on by his wife. The building was, at that time, by far the largest residence ever constructed in Trondheim. It stood on the corner, with one wing measuring 43 metres facing Munkegata and another wing of 39 metres towards the square. The wing towards the square was richly furnished, with a pompous staircase and a row of five rooms on each storey. The building was taken over by the club association Harmonien in 1825. During the war the Germans used the premises as an officers' club. In 1942 a fire broke out that caused so much damage to the building that it had to be demolished.

Hornemannsgården

This building, which stands impressively on the east side of Trondheim's grand square, underwent since 1720 many stages of development. A one-storey corner building facing Kongensgate and Torget was then built. Henrik Hornemann purchased the estate in 1765 and in the 1780s he initiated major building work. With its two main entrances from Kongensgate, Hornemannsgården differs from the strictly symmetrical frontages of that time. Between the two entrances on the ground floor are two halls with two rooms in between them. Old paintings show that the building had an exuberant and more ornate frontage than its present appearance. Some rebuilding work was carried out in 1840, when the building was given its Empire-style features that are evident today. The Hornemann family sold the estate to the council in 1876. Since then it has been used as a tenement building, as well as a police station. The attractive, high-ceilinged rooms are now used as assembly rooms for elderly citizens.

Svaneapoteket

This is one of the most popular buildings in the city. In the late 1960s, when the council approved the demolition of the building to make way for a 5-storey bank building, the citizens held a torchlight procession in protest. The building was allowed to stand, but only the outer shell was to remain. Inside the building hardly anything remains of the beautiful interiors. In 1774 the chemist and purveyor to the court, Otto Sommer, purchased many small houses on the square that were then demolished to make space for the stately home. It is a square complex with a main building facing Kongensgate and a wing towards Torget. The Sommer-palace was not so resplendent as the Mølmann palace, but was, nonetheless, a noble and stately building. It was the chemist, Møllerop, who bought the estate in 1832 and set up the Svaneapoteket in the corner, where it still stands today. The classical entrance porch, with double columns and swan headpiece, was then added and the frontage was designed along the lines of the sober Empire-style.

Hornemannsgårdens fasade mot Kongensgate med to like inngangsportaler

Hornemannsgården's frontage towards Kongensgate with to main entrance gateways

VERTSHUSET TAVERN

Fra stranda nedenfor Bakke gård og over elva til midtbyen var det fra gammelt av fergeforbindelse. Fergemannen rodde både folk og varer over elva. Landingsplassen på bysida var ytterst ved elvemunningen, på Brattøra, og her lå Tavern, som opprinnelig ble bygd som fergemannsbolig omkring 1740. Det var kjøpmannen Hans Nissen Lysholm som kjøpte tomta på denne tida, og forpliktet seg til å sørge for husvære til fergemannen. I 1751 ble huset kjøpt av fergemannen og ble videresolgt til nye fergemenn helt til 1840. Fergemannen kombinerte trafikken over elva med å drive skjenkestue,

Vertshuset har mange små rom med forskjellig karakter. Dører og døromramminger har en enkel utforming med profiler som var brukt i enklere trondheimshus på 1700-tallet

The tavern has many small rooms of various types. The doors and frames are of a simple design with profiles that were the custom for conventional houses in the 18th century

Det gamle kjøkkenet med grua,
og et gløtt inn i storstua
The old kitchen with the hearth stone,
and a glimpse of the main room

en tradisjon som gikk tilbake til lenge før dette huset ble bygd. Det har vært foretatt mange tilbygginger, påbygginger og ombygginger opp gjennom årene, men da bygningen ble gjenoppført på Folkemuseet på Sverresborg i 1949, forsøkte man å tilbakeføre den til mest mulig opprinnelig utseende. Tavern er i dag et av byens mest populære vertshus.

Et av de få rommene som har veggdekor, den nordligste stua i annen etasje
One of the few rooms with wall decorations, the northernmost room on the upper storey

Tavern sett fra sør, med den eldste delen fra 1739 nærmest
View of the tavern from the south, with the oldest part from 1739 in the forefront

■ THE HOSTELRY TAVERN

From the beach below the Bakke estate and across the river to the city centre there was a long-established ferry connection. The ferryman rowed people as well as goods across the water. The landing place on the city side was on the outermost part of the mouth of the river, at Brattøra. This was the site of the Tavern that had originally been built as a ferryman's dwelling around 1740. The ferryman combined the traffic across the river with running a taproom, a tradition that went back to long before the house was built. There has been a lot of extensions and additional building work done to it over the years, but when the building was relocated at the Museum of Folk Arts at Sverresborg in 1949, an attempt was made to restore it as much as possible to its original appearance. The Tavern is now one of the city's most popular public-houses.

Cicilie Christine Schøller, født i Tønsberg i 1720 og døpt Sissel Kjerstine, arvet den gamle generalsgården ved Munkegata etter sin mor, som var enke etter general Johan Fredrich Frølich. Det var i 1771. Hun kjøpte opp noen nabotomter, averterte den gamle generalsgården til riving, og begynte bygginga tidlig på våren i 1774. Det må ha vært vel planlagt og godt koordinert tømrerarbeid, for alt i oktober samme året var sperreverket under tak. Tømmer ble fraktet over fjorden fra Schøllers skoger på Geitastrand, mens bjelker og planker og annet skåret virke antakelig kom fra saga ved Leirfossen, som også tilhørte Schøller-familien.

Bygningen er et U-formet anlegg, med en hovedfløy på nærmere 60 meters lengde og to sidefløyer på 29 meter. Husbredden er litt over 13 meter. Stiftsgårdens golvareal er på nærmere 3000 kvadratmeter. Hovedfløyen har en gjennomgående midtsal i begge etasjene, og doble romrekker til hver side for denne. Rommene som vender mot gata har en dybde på 7,5 meter. Det underlige er at både husbredden, størrelsen på salene og romdybdene er de samme som i Harmonien. Men anlegget totalt er nesten dobbelt så stort. Etasjehøyden er 4,3 meter i begge etasjene, og mellom dem er lagt inn et «kryperom» på én alen (0,63 meter). Dette ble dels gjort for å få en imponerende fasadehøyde, dels for å sikre at stukktakene i første

Stiftsgården fortjener benevnelsen palé der den troner på hjørnet av Munkegata og Dronningens gate. Vekslingen mellom breie novkasser og smalere strekkfisker, og mellom segmentformete og gavlformete vindusoverstykker gir fasaden en spennende rytme

Stiftsgården, as it stands in majestic splendour on the corner of Munkegata and Dronningens gate, deserves to be called a palace. The interchange of broad with narrow vertical sections and the contrast between the segmental and curved window pediments provides a lively frontage to the building

Fra blomsterkabinettet mot kursalen og forgemakket i første etasje

View from the floral-designed study facing the reception room on the ground floor

Elteam

Stiftsgårdens hageside. Rommene under midtarken, ballsalen i første etasje og Dronning Mauds salong i annen etasje, er de eneste rommene som går tvers gjennom den 13,5 meter breie bygningen
Stiftgården's garden. The rooms under the central dormer, the ground floor ballroom and Queen Maud's drawing room on the upper floor, are the only rooms that extend right through the 13.5 metre-wide building

Spisesalen i første etasje har veggmalerier med arkitekturperspektiver som skal få rommet til å virke enda større enn det er. Maleriene er utført av J.C.C. Michaelsen etter engelske kobberstikk og motivene er fra Roma, Venezia og London. Biedermeiermøblementet i spisesalen er mest sannsynlig innkjøpt til Carl XV´s kroning i 1860
The ground floor dining room has wall paintings representing architectural views in perspective that make the room appear larger than it is. The paintings are by J.C.C. Michaelsen from English copper plate engravings and the motifs are from Rome, Venice and London. The furnishings in the dining room were most probably purchased for Carl XV's coronation in 1860

etasje ikke skulle sprekke eller lysekronene klirre når det ble danset og trampet i golvet ovenpå. De høye tofløyete dørene som forbinder rommene med hverandre er her som i Harmonien lagt på rekke og rad, og åpner et imponerende perspektiv gjennom huset. Fasadene har en klar vertikalrytme med markerte pilastre mellom hvert vindu. Vinduene har også en rikt utskåret omramming, med vekslende buete og gavlformete overstykker. Uttrykket i bygningen har i det hele tatt en spenning mellom barokk og klassisisme. Vinduene hadde opprinnelig krysspost, og kunstferdige rokokkobeslag, mens de nåværende vinduene med sin jevne ruteinndeling ble satt inn omkring 1860. Interiøret viser det beste som kunne

Ballsalen med paviljongen som skyter ut i hagen. Midt på golvet står Oscar II´s trone, brukt ved kroningen i 1873. Taket med de sjablonmalte rosettene er fra 1850-åra
The ballroom with the pavilion jutting out into the garden. In the middle of the floor stands Oscar II's throne, used at the coronation in 1873. The ceiling with the patterned rosettes is from the 1850s

Perspektivet gjennom dørene fra Dronning Mauds salong og sørover mot kongens arbeidsrom, audienssalen og adjutantens kontor
A perspective view through the doors from Queen Maud's drawing room and south towards the King's office, the audience room and adjutant's office

oppdrives av utsmykningshåndverk, med stukkornamenterte brannmurer og tak, pilasterinndelte vegger med håndmalte tapeter, to-fløyete dører med tre fyllinger i høyden og supraporter over. Også i interiørene spenner stilpreget fra barokk over Louis-seize til klassisisme.

Ingen vet med sikkerhet hvem som var arkitekt for Stiftsgården, men det kan ha vært offiseren Chr. Lerche, som var innrulleringssjef i Trondheim i denne tida, og fetter av fru Schøller. Det finns klare likhetstrekk mellom Lerche-familiens palé i København og paléet ved Munkegata. Forbildene ligger i franske barokkpalass.

Trolig var det de samme håndverkerne som oppførte både Harmonien og Stiftsgården. Med sikkerhet vet vi at flensburgeren Michaelsen sto for stukkarbeidet og noen av de malte veggdekorasjonene, mens andre var utført av en innvandret maler fra København, Johs C. Schøller. Det er ikke dokumentert om Kühnemann var engasjert som byggmester, men det er vel sannsynlig, med den rike erfaringen han hadde.

Fru Schøller, som midt i byggeperioden hadde vært i København og kjøpt seg tittel som geheimerådinne, ble ikke boende lenge i Munkegata. Hun dro til utlandet like etter at paléet sto ferdig, kom tilbake etter et par

år, men ble bare i byen til sommeren 1783, da hun forlot byen for siste gang med kurs for København. Der døde hun i 1786. Dattersønnen Stie von Krogh arvet eiendommen, men det var hans far, general Georg Fredrik von Krogh, som bodde her til Staten overtok i 1800. Etter det ble bygningen Stiftoverrettsgård, og bolig for Stiftamtmannen. Navnet Stiftsgården ble tatt i bruk omkring 1840. Første gang kongelige benyttet gården var under Carl Johans kroning i 1818. Seinere ble den brukt ved kroningene av Carl XV i 1860, Oscar II i 1873 og Haakon VII i 1906. I 1906 ble det besluttet at Stiftsgården skulle være kongebolig. Et langvarig restaurerings- og oppussingsarbeid ble fullført til byens 1000-årsjubileum, og kongeparet feiret sine 60-årsdager her i forbindelse med byjubileet i juni 1997.

■ STIFTSGÅRDEN

Cicilie Christine Schøller, born in Tønsberg in 1720, inherited the old General-estate in Munkegata from her mother, who was the widow of General Johan Fredrich Frølich. This was in 1771. She bought up the neighbouring plots of land, announced the demolition of the old building, and work commenced on the new building early in the spring of 1774. The carpentry work must have been well planned and coordinated since, already in October that year, the roof trusses had been fitted. The building is U-shaped, with a main section of about 60 metres long and two side wings of 29 metres. The width of the house is a little over 13 metres. Stiftgården has a floor space of about 3,000 square metres. The main wing has a central hall running through both storeys, flanked by double rows of rooms. The ceiling height is 4.3 metres on both floors, and between them there is a 2ft-high hollow space. This was done partly to give an impressive height to the facade, and partly to ensure that the stuccoed ceilings on the lower floor would not crack or the chandeliers rattle when guests danced and stamped on the floor above. The high two-sashed doorways connecting the rooms are arranged in a row, providing an impressive perspective through the house. The facades have a clear vertical rhythm with prominent pilasters between each window. The windows have ornate, carved surrounds with alternating arched and gabled lintels. The expression of the building is, on the whole, a tension between the Baroque and Classicism. The interior shows the finest decorative work obtainable, with ornamental stuccoed fire walls and ceilings, pilasters dividing the walls with hand-painted wallpaper, double-sashed doors with wooden panels at the top and headpieces. The characteristic styles of the interiors range from the Baroque through Louis XVIth to Classicism.

Empire-ovnen i det kinesiske kabinettet står i stram kontrast til de lekende stukkornamentene rundt den marmorerte ovnsnisjen
The Empire-style stove in the Chinese room is in stark contrast to the frivolous stucco ornaments around the marbled stove recess

Det kinesiske kabinettet har fått sitt navn etter de kinesisk-inspirerte veggdekorasjonene som kom for dagen under restaureringen i 1978
The Chinese room is named after the Chinese-inspired wall decorations that came to light during restoration work in 1978

Hovedinngangen er kraftig markert av arken med kongevåpenet i et løvverksornament. Den breie innkledningen av novkassene framhever også bygningens midtparti
The main entrance is distinctly marked by the royal coat-of-arms in ornamental foliage. The broad cladding of the vertical sections emphasizes the mid-section of the building

Det lange perspektivet gjennom dørene sett nordover fra kursalen. Alle dørene har supraporter, slik det var vanlig på slutten av 1700-tallet
The extended perspective through the doors looking north from the reception room. All the doors have headpieces, which was the custom at the end of the 18th century

Kong Oscar II´s sovevœrelse, med døra åpen til Dronning Mauds salong
King Oscar II's bedroom, with the door open to Queen Maud's drawing room

It is not known for certain who the architect of Stiftsgården was, but it may have been officer Chr. Lerche, cousin of Mrs Schøller. There are clear similarities between the Lerche family's palace in Copenhagen and the palace in Munkegata. The designs were modelled on French baroque palaces.

Mrs Schøller, who in the midst of the building work had been to Copenhagen where she acquired for herself the title of privy councillor, did not reside for long in Munkegata. She departed for the continent shortly after the palace had been completed, returned after a couple of years, but was only in the city until the summer, 1783, whereupon she left the city for the last time, bound for Copenhagen. She died there in 1786. The grandson, Stie von Krogh, inherited the prop-

erty but it was her father, general Georg Fredrik von Krogh, who lived there until it was taken over by the state in 1800. It then became known as Stifoverettsgård, and served as the residence of the district governor. The name of Stiftsgården was adopted around 1840. The first time the royal family used this building was for the coronation of Carl Johan in 1818. Later on, it was used at the coronation of Carl XV in 1860, Oscar II in 1873 and Haakon VII in 1906. In 1906 it was decided that Stiftsgården should be a royal residence. A lengthy period of restoration and refurbishing work was completed in time for the city's millenial celebration, and the royal couple celebrated their 60th birthdays here in connection with the city's jubilee in June 1997.

Den restaurerte og delvis rekonstruerte Lorckgården ligger i dag som den siste av de gamle 1700-tallsgårdene i Kjøpmannsgata, tett inntil byens gamle rådhus. Både rådhuset og Lorckgården inngår i Trondheim Folkebibliotek

The restored and partly reconstructed Lorckgården is the last remaining 18th century building in Kjøpmannsgata, right next to the old city hall. The city hall and Lorckgården are now the premises of Trondheim's public library

Denne gården, som ligger vegg i vegg med det gamle rådhuset, er i dag sterkt amputert – den nordligste delen av bygningen brant i 1957 og er gjenoppbygd i forbindelse med byens nye bibliotek – men til gjengjeld inneholder den et av de fineste rommene i byen.

Christian Andersen Lorck kom fra Flensburg og hadde nettopp fått borgerskap i byen da han kjøpte eiendommen i Kjøpmannsgata i 1785. Brygga hans lå tvers over gata. Noen år etter kjøpte han den tilstøtende gården mot Søndre gate slik at han fikk en sammenhengende eiendom mellom de to hovedgatene. Bygningen han overtok hadde bare én etasje mot Kjøpmannsgata, så Lorck foretok både om- og påbygninger. Gården

hadde sidefløyer og uthus på begge sider av den smale og lange gårdsplassen. Hovedfløyen er en U-formet bygning, med midtgang og gjennomgående stuer på begge sider. Stasrommet ligger i sidefløyen nærmest rådhuset og har tre krysspostvinduer mot gårdsplassen. Midt på kortveggene er det tofløyete dører, og veggene er inndelt med kraftige joniske pilastre fra golv til tak. Ovnsnisjen i hjørnet er utstyrt med stukkornamenter i Louis-seize-stil, mens ornamentene i taket har rokokkopreg.

LORCKGÅRDEN

This estate, which adjoins the old city hall, is now in a severely reduced state – the northernmost part of the building caught fire in 1957 and has been reconstructed in connection with the city's new library – but, on the other hand, it contains one of the finest rooms in the city.

Christian Andersen Lorck, who came from Flensburg, had just taken up citizenship when he bought the property in Kjøpmannsgata in 1785. The estate had wings and outhouses on both sides of the long and narrow courtyard.

Lorckgårdens praktrom, som i lang tid var i bruk som snekkerverksted, er nå et av bibliotekets møterom. Veggene har et flatt brystningspanel og flate men breie kannelerte pilastre med joniske kapitéler som deler veggene i kvadratiske felt. Stukkornamentene på brannmur og i tak har et forsiktig Louis-seize-preg som understreker harmonien i rommet
Lorckgården's main room, previously used for a long time as a carpentry shop, is now one of the library's meeting rooms. The walls have flat wainscotting and wide fluted pilasters with Ionic capitals dividing the walls into square sections. The stucco ornaments on the fire wall and the ceiling are in the Louis XVI-style, emphasizing the harmonious atmosphere of the room

«Alle mine etterlatenskaper, være seg kontante penger, bergparter, jordegods, obligasjoner, med videre ... skjenker jeg til de fattige». Dette var hovedinnholdet i Thomas Angells testamente. Og det han ga de fattige, hadde en verdi av tre tønner gull. Angell hadde bestemt at 1/6 av inntektene av kapitalen hvert år skulle gis de foreldreløse barna i Waisenhuset. 1/6 skulle «lemmene» i fattighuset få, 2/6 skulle gå til *«skikkelige fattige Enker og andre huusarme og nødlidende i Tronhiem»*, mens de siste 2/6 skulle legges til kapitalen.

Thomas Angell var som vi husker, tredje generasjons flensburger, men av den arbeidssomme og nøysomme sorten. Han bodde i et enetasjes murhus nederst i Kjøpmannsgata, sammen med broren og hans kone. Etterat

Gårdsplassen i Thomas Angells Hus, sett mot bakfløyen fra 1860-åra med kapellet i første etasje

The courtyard of Thomas Angell's House, viewed towards the rear wing from the 1860s with the chapel on the ground floor

de begge var døde ble han boende i huset sammen med brordatteren Karen og hennes mann Peter Suhm. På tross av at Angell hadde store boklige interesser – boksamlinga hans var på 6 800 bind – gikk han dårlig overens med vitenskapsmannen Suhm, som også var litt av en levemann. I 1760, nærmere 70 år gammel, bryter han all forbindelse med sin niese og mannen hennes, og flytter lenger opp i gata, til gården han bodde i som barn.

I tråd med Thomas Angells testamente ble det bygd en ny bygning på Fattighustomta: Thomas Angells Stuer. Et større bygg, Thomas Angells Hus, ble oppført for de fattige enkene, og Waisenhuset fikk nok midler til et nybygg. I tillegg ble Angell-midlene brukt til tukthuset, den nye latinskolen, undervisning, nytt sykehus, vannverk og andre gode formål. Området sør for Kongens gate og vest for Prinsens gate, som fra gammelt av ble kalt Kalvskinnet, hadde hørt kongen til og ligget nesten ubebygd siden middelalderen, og her ble mange av de nye sosiale institusjonene oppført.

Waisenhuset

Waisenhusstiftelsen ble oppretta i 1732, da de to institusjonene Barnehuset og Blåskolen ble slått sammen. Dette var institusjoner for foreldreløse gutter. Bygningen sto ferdig i 1772, og Henrich Kühnemann var arkitekt. Bygningen ligger med hovedfløyen mot den åpne Kongsgårdsplassen og med sin åpne gård som en forlengelse av plassen foran Nidarosdomen.

Fattighuset og Thomas Angells stuer

Fattighuset ble bygd som et U-formet anlegg på brinken over Geilan i 1730-åra. Det hadde en lav loftsetasje som seinere ble løftet ca en halv meter da Thomas Angells stuer ble bygd inntil i 1770. Inn mot tunet var det en åpen svalgang som ble innkledd en gang på 1800-tallet. Fattighuset hadde

Forstanderskapets møterom med 1700-talls portretter og Thomas Angells gyldenlærsstoler
The board room with 18th century portraits and Thomas Angell's gilded leather chairs

Kapellet ble innredet i 1903, og er et av byens vakreste rom med puss- og stukkarbeider i nybarokk. Det har en rikt utskåret portal, og glassmalerier utført av Ferdinand Müller. Arkitekt var Axel Guldahl, som også var ansvarlig for den omfattende om- og påbyggingen ved århundreskiftet
The chapel was fitted out in 1903, and is one of the city's most attractive rooms, with neo-Baroque plaster and stucco works. There is an ornate, carved entrance and stained glass done by Ferdinand Müller. The architect, Axel Guldahl, was also responsible for the comprehensive rebuilding and extension work at the turn of the century

plass til 80 beboere, mens det i «stuene» opprinnelig var plass til 16. Disse skulle være «aktverdige kvinner med god presteattest, som ikke hørte til borgerskapet». Kühnemann er oppgitt som byggmester for stuene, som er en monumental bygning ut mot Kongensgate, med en tverrgående midtark over kjøreporten.

THOMAS ANGELL AND THE SOCIAL INSTITUTIONS

«All my effects, be they cash amounts, shares in mines, landed property, bonds, and so on ... I donate to the poor.» **– such were the main contents of Thomas Angell's will. And what he gave to the poor, in fact, was equivalent in value to 300 kilos of gold.**

Thomas Angell was, as we recall, a third-generation Flensburger, but of the industrious and frugal type. He lived in a one-storey stone house at the bottom of Kjøpmannsgata, with his brother and wife.

In accordance with Thomas Angell's will, a new building was raised on the Poor House plot of land: The Thomas Angell Rooms. A large building, The Thomas Angell House, was built for poor widows. And Waisenhuset received enough funds for a new building. Further, funds realised from the Angell legacy went towards building Tukthuset, the new latin school, educational purposes, a new hospital, waterworks and other deserving causes.

Waisenhuset

The Waisenhuset foundation was established in 1732, when the two institutions, Barnehuset and Blåskolen were amalgamated. They served as an orphanage for boys. The building, with Henrich Kühnemann as

Kjøreportalen til Thomas Angells Stuer og det bakenforliggende Fattighuset
The entrance to Thomas Angell's Rooms and the Poor House

Waisenhusets fasade mot Kongsgårdsplassen, med Nidarosdomen i bakgrunnen
Waisenhuset's facade facing Kongsgårdsplassen, with Nidaros cathedral behind

its architect, was completed in 1772. The main wing of the building faces the open square, Konsgårdsplassen.

The Poor House and The Thomas Angell Rooms

The Poor House was constructed as a U-shaped building in the 1730s. In 1770 the Thomas Angell Rooms were constructed and the two buildings formed a closed courtyard. The Poor House accommodated 80 occupants, whilst the Rooms were originally designed for 16. The residents had to be «respectable women with good references from the church, who were not of merchant family stock». Kühnemannn is cited as the building merchant for the complex of Rooms which is a monumental building facing Kongensgate, with a transverse middle arch above the driveway.

Svalgangen i Fattighuset. Opprinnelig var den åpen mot gårdsplassen
Passageway in the Poor House. It was originally open and faced the courtyard

Et gløtt fra kirkerommet ut i våpenhuset som fortsatt har synlige tømmervegger. Inngangsdøra stammer fra den gamle kirka
A glimpse from the nave of the porch, which still shows its log walls. The entrance door dates from the old church

Kirkerommet sett mot koret. De marmorerte søylene bærer kirketårnet
View of the nave towards the chancel. The marbled columns support the steeple

Den 400 år gamle kirka som hørte til Hospitalet var i 1690-åra blitt så falleferdig at det ble besluttet å rive den. Hospitalskirka som kom isteden var åttekantet og dermed en nyskaping i norsk kirkebygging, og den ble etterfulgt av 60 åttekantete kirker utover landet. Arkitekt var den hollandske murmesteren Johan Christoffer Hempel. Han hadde vel ment at kirka skulle bygges i stein, som de åttekantete kirkene han hadde sett i sitt hjemland. Der var denne kirketypen blitt vanlig etter reformasjonen, fordi den ga mulighet for god kontakt mellom presten på prekestolen og menigheten i kirkebenkene. En steinkirke ble for dyr, så det ble besluttet å bygge kirka i tømmer. Til tross for det uvante med å lafte nov i stump vinkel, kom kirka opp på kort tid: Med Hempel som byggeleder begynte 10 tømrere å rive den gamle kirka 9. juni 1705, og allerede mot slutten av august var råbygget kommet opp, og taket lagt. Høsten og vinteren ble brukt til å legge golv,

Helligdom. Lover hannem med Psalter og Harper
og Kröblinger og Halte og Blinde. Luce cap 14 v 21.
Aande love Herren Halleluja. Psal. 150.
S: MARCVS
S: LVCAS

hogge på åpninger i tømmerveggene og sette inn blyglassvinduer. To snekkere hadde hatt ansvaret for demontering av det som skulle brukes fra den gamle kirka, og de brukte våren på innredning av nykirka samtidig med at tårnet ble bygd. Den nye kirkeklokka ble heist på plass og kunne ringe inn til vigsling i månedsskiftet april/mai 1706. I 1708-1709 ble kirka bordkledd utvendig. Opprinnelig hadde kirka lukkete stoler langs veggene i skipet. Disse var forbeholdt de kondisjonerte som var villige til å betale en leie. Over våpenhuset var det et galleri for de spedalske, med en åpning i tømmerveggen inn til kirka. Fram til slutten av forrige århundre hadde veggene mot sør og nord gavler med mønt tak inn mot tårnet. Kirka ble restaurert til hospitalets 700-årsjubileum i 1977.

■ HOSPITALKIRKA

The 400-year-old church, which belonged to Hospitalet, was in such a dilapidated condition in the 1690s that it was decided to demolish it.

Den første åttekantkirke i Norge, vigslet i 1706. Kirka hadde opprinnelig gavl over langveggene, men disse ble fjernet i 1899
The first octagonal-walled church in Norway, consecrated in 1706. The church originally had a gabled long walls, but the gables were removed in 1899

Prekestolen med himlingen fra den gamle kirka, skåret i 1641 av Henrik Biltsnider. Maleriene av de fire evangelistene er malt av Johan Kontrafeier
The pulpit with panels from the old church, carved in 1641 by Henrik Biltsnider. The paintings of the four evangelists were done by Johan Kontrafeier

Hospitalskirka, which replaced it, had an octagonal form and was an innovation in Norwegian church design.

It was the first of its kind in the country, and was the precursor of 60 octagonal churches built in Norway. The architect was the Dutch master mason, Johan Christoffer Hempel. He had intended the church to be built in stone, like the other octagonal churches he had seen in his homeland. In the Netherlands this type of church was common after the Reformation, because it enabled good contact to be established between the priest in the pulpit and the congregation in the pews.

A stone church was too expensive, so it was decided to build a wooden one. Despite the unusual practice of joining logs at obtuse angles, the church was constructed in a short time. The new church bell was lifted into place in time to ring in the consecration at the end of April 1706. The church was restored for the 700th anniverary of the Hospitalet i 1977.

Altertavla stammer fra den gamle kirka, og er fra 1641, men ble omgjort for å passe bedre i det smale koret i 1716

The altarpiece originates from the old church, and is from 1641, but was adapted to suit the small chancel in 1716

Korsfestelsesgruppen over korbjelken er utført av Lars Pedersen og forært kirka i 1707 av kommandørkaptein Nybur

The crucifixion group above the beam was done by Lars Pedersen and given to the church in 1707 by commander Nybur

Ni år etter at Hospitalskirka sto ferdig, sto det også en ny, åttekantet kirke på Bakklandet. Dette skyldtes den mektige Peder Krog, som var biskop i Trondhjems Stift fra 1689 til 1731, og som kjøpte seg Bakke gård til bispebolig. Han hadde på tross av protester både fra bakklendingene og fra prestene i byen fått stiftamtmannen til å bestemme at Bakklandet, som tidligere hadde hørt byen til, skulle høre til Strinda sogn. Biskopen fikk kongens tillatelse til å bygge kirke på Bakklandet, og ga gratis byggetomt. Byggearbeidet tok til tidlig om våren i 1714, mest sannsynlig ble Hempels planer for Hospitalskirka brukt denne gangen også, men med andre mål: Mens Hospitalskirka hadde ca 170 sitteplasser, fikk Bakke kirke over 300, så det ble et atskillig større byggverk. Bakke kirka ble vigslet etter et snaut års byggetid, den 31. mars 1715. Bygg-

Fra galleriet. De malte skyene i himlingen kom fram ved restaureringen i 1940.
From the gallery. The painted clouds in the ceiling were revealed during restoration work in 1940

Prekestolen ble utført av Lars Pedersen i 1715
The pulpit was designed by Lars Pedersen in 1715

Jesum

mesteren het Johan Pedersen, mens innredningsarbeidene ble utført av Johan Henrich Helmer, en innvandret tysk snekkermester. Bare tre år etter, da svenskene var på marsj mot byen, ble det bestemt at all bebyggelse på Bakklandet skulle svies av for å forhindre svenskene i å kunne gjemme seg, eller bruke tømmeret til å bygge flåter av. Det var på tale at også kirka skulle bort, men den fikk stå, som den eneste bygningen på Bakklandet. Det ble foretatt store ombygninger i 1862. Da ble de private kirkestolene fjernet, kirka fikk galleri rundt hele kirkeskipet, og vinduene ble gjort høyere. Kirka ble truet på nytt i 1930 – åra, den sto i vegen for innfarten til byen fra øst. Riksantikvaren grep inn og forhindret riving. I 1941 ble den flytta 15 meter mot sør opp på brinken over gata, og det ble foretatt en omfattende restaureringsarbeid under ledelse av arkitekt John Tverdahl. Kirka er fortsatt i bruk som sognekirke for Bakklandet menighet.

■ BAKKE CHURCH

Nine years after the completion of Hospitalskirka, there stood another octagonal church at Bakklandet. This was due to the efforts of the

Altertavla er snekret av Henrich Kühnemann i 1768. De to figurene på sida av alteret forestiller Johannes Døperen og Moses, og skal være utført i Danzig

The altarpiece was constructed by Henrich Kühnermann in 1768. The two figures beside the altar depict John the Baptist and Moses, and were produced in Danzig

Som i Hospitalskirka bæres tårnet av fire marmorerte søyler. Gallerifronten ble laget ny i 1940, men her er delvis benyttet brystningsfelt fra de gamle private kirkestolene

The steeple, like the one in Hospitalkirka, is supported by four marbled columns. The front of the gallery was constructed in 1940, but parts of it used parapets from the old private pews

Kirka sett fra Innherredsvegen
View of the church from Inherredsvegen

I forbindelse med flyttingen og restaureringen av kirka i 1940 foretok konservator Ola Seter omfattende fargeundersøkelser og framkalte et interiør med barokkens fargeglede
In connection with the moving and restoration of the church in 1940, the curate, Ola Seter, made comprehensive surveys of the colours and developed an interior in the delightful colours of the Baroque

wealthy Peder Krog, who was a bishop in the diocese of Trondheim from 1689 to 1731, and who purchased the Bakke estate as a residence. The building work started in the early spring of 1714, most likely using Hempel's plans for Hospitalskirka, but on quite another scale: While Hospitalskirka seated about 170, Bakke church could take over 300, making it an extremely large building. Bakke church was consecrated, after just one year of building work, on 31st March 1715. The building merchant was Johan Pedersen, while the refurbishment was carried out by Johan Henrich Helmer, an immigrant German master carpenter. Just three years later, when the Swedes were on the march to the city, it was decided that all the buildings at Bakklandet be torched in order to prevent the Swedes from not only seeking cover but also from using the timber to build rafts. There was talk of removing the church, but this was not to be, and the church remained as the only building at Bakklandet. However, the church was again under threat in the beginning of this century, when it was in the way of a planned approach road from the east. This time it was moved about 15 metres, where it continues to serve as a parish church for the district of Bakke.

BAKKE GÅRD

Hovedbygningen sett fra tunet. Bygningen var opprinnelig dobbelt så lang, og hadde to like inngangsportaler. Den østre halvdelen ble revet i 1875

The main building viewed from the yard. The building was originally twice as long and had two main entrance gateways. The eastern part was demolished in 1875

Gården ligger på en gammel strandterrasse over en av innfartsveiene til byen. I kjelleren under hovedbygningen finns rester av kirka som hørte Bakke kloster til, så gården ligger der middelalderens nonnekloster lå. For 150 år siden kunne vel gården også minne om et kloster, med et nesten stengt firkanttun og hovedbygningen – dobbelt så lang som i dag – tronende på den bratte skrenten, omgitt av jorder og kornåkrer. Det var kaptein Carl Henning Krog, sønn av biskopen, som fikk oppført det 44 meter lange våningshuset i slutten av 1760-åra, og det regnes med at Henrich Kühnemann var arkitekt og byggmester. Skjellmotivet skulle være hans varemerke, og her finner vi det over den karakteristiske barokke inngangsportalen.

Bakke gård er den eneste av 1700-tallsbygningene i byen som har sitt seteritak i behold. Forklaringen på den inntrukne loftsetasjen er ikke så god å finne, ut over at den gir bygningen et særpreg. Gården ble delt mellom to eiere i 1834, og i 1875 ble den østre halvdelen revet.

Bakke gård ble kjøpt av Trondheim kommune i 1961, og var en tid i bruk som leiegård, før den i 1971 ble innredet til kunstnerverksteder. Det som står igjen etter denne mektige gården, er et halvt våningshus, en liten anneksbygning og et stabbur.

■ THE BAKKE ESTATE

The estate lies on an old beach berm above one of the approach roads to the city. 150 years ago the estate was an almost completely enclosed square courtyard with the main building – twice as long as it is now – perched on the steep slope. It was captain Carl Henning Krog, the bishop's son, who had the 44-metre-long farmhouse built in the late 1760s, and it is reckoned that Henrich Kühneman was the architect and building merchant. The Bakke estate is the only 18th century building in the city to have its particular style of roof intact. The explanation of the terraced attic storey is elusive, except for it giving the building a special feature. The house is arranged with some rooms extending across the whole building and other rooms terminating half-way across it. This is a common type of arrangement for most farmhouses on the large estates in Trøndelag. The estate was under dual-ownership in 1834, and in 1875 the east half of it was demolished. The Bakke estate was purchased by Trondheim municipality in 1961, and served as a tenement building for a time, before being converted to artists' workshops in 1971. All that remains of this vast estate is half the farmhouse, a small annexe and a storehouse.

Dette anlegget må ha vært et av de vakreste landstedene i Trondheims omegn da det sto ferdig en gang i 1760-åra. Her gikk hus og hage og landskap opp i en høyere enhet.

Skulle vi på besøk til Hilmar Meincke i velmaktsdager, fulgte vi Ilsvikvegen til den endte i den lave kjøreporten i sidefløyen og kom inn på det lukkete tunet. Her sto patrisieren og tok imot og førte oss inn i den breie midtgangen. En staselig trapp førte opp til annen etasje, og på begge sider sto dørene åpne til de gjennomlyste stuene som var dekorert med J.C.C. Michaelsens malerier. Meincke førte oss ut gjennom hagedøra for å vise oss sin park: Herfra går en sentral hagegang ned mot et lysthus. Kommer vi ned den nederste trappa, fører gangen gjennom frukthagen til vi krysser en lindallé. Det vakre lysthuset står på en terrasse murt ut i sjøen. Bare et lite steinkast ute i sjøen ligger Prins Frederiks Batteri, med kanoner og jordvoller, som en bølgebryter når østavinden friskner til.

Slik er det ikke nå. Huset står med eksteriøret i god behold, men innvendig er det lenge siden Michaelsens malerier ble demontert (nå på Nordenfjeldske Kunstindustrimuseum) og hageanlegget kan vi bare se på gamle tegninger. Ilsvika ble brukt som epidemilasarett fra 1880-åra til 1907, deretter har den vært kommunal leiegård.

Prospekt av Ilsvika som viser hageanlegget og lystgården ned mot sjøen. Bildet er malt etterat Prins Frederiks Batteri ble fjernet og etterat anlegget ble tatt i bruk som lasarett fordi det er kommet et høyt plankegjerde rundt eiendommen. Utlånt av Byantikvaren i Trondheim

A chart of Ilsvika showing the park and the manor down towards the sea. Since the picture shows a high wooden fence around the property, it depicts the scene after Prins Fredriks Batteri had been removed and after the property was put into use as a isolation hospital

■ ILSVIKA

This estate must have been one of the most picturesque places in the surroundings of Trondheim when it was completed in the 1760s. It was set in a landscape that rose from the house, the garden and to the mountainside. The two-storey main building, with central arch and two corner buildings, towers over a whitewashed foundation wall at the top of a slope down towards the beach. Up the steep rise at the rear, two wings lead from the main house.

The exterior of the house is in good condition, but nothing remains of its interior and the layout of the garden can only be seen in old drawings.

Storsalen har et vakkert rokokkointeriør, hvor støpejernsovnen fra 1750-åra og den lyse brannmuren med stukkomramming er framtredende elementer. De malte tapetene framstiller landlige idyller
The main room has a beautiful Rococo interior, and the centrepieces are the mid-18th century cast iron stove and the splendid ornamental fire wall. The painted wall paper depicts idyllic rural scenes

Fra storsalen opplever vi barokkens vektlegging av perspektivet når vi ser gjennom de åpne dørene mot spisestua
The Baroque emphasis on perspective is noted in this view of the dining room through the open doors

Granåsen er et gårdsanlegg med et nesten lukket tun, typisk for trøndergårdene. Våningshuset, derimot – en vinkelbygning hvor den eldste delen, vestfløyen, er i én etasje mens den nyere nordfløyen har to etasjer – er et nokså uvanlig syn i trønderbygdene i dag. Men det er flere ting som tyder på at også vestfløyen opprinnelig hadde to etasjer. Tollkontrollør Hans Hagerup Luitkis kjøpte gården i 1751 og bygde vestfløyen og en del av nordfløyen omkring 1760. Det var nok også han som gikk til innkjøp av tapetene som smykker tre av rommene: storstua, kabinettet og spisestua. Granåsen ligger bare noen hundre meter fra universitetssenteret på Dragvoll, på en åsrygg med utsikt mot byen og fjorden.

■ GRANÅSEN

Granåsen is an estate with an almost closed yard, a characteristic of the Trondheim estates. The farmhouse, however, is quite an unusual sight in the hamlets of Trøndelag today. The house is an angular building where the oldest section, the west wing, has one floor whilst the more recent north wing has two. There are, nevertheless, many signs

that the west wing also had two storeys in its original form. The customs officer, Hans Hagerup Luitkis, bought the property in 1751 and had the west wing and a part of the north wing built around 1760. He also purchased the wallpaper that decorates the main room, the study and the dining room. Granåsen lies only a few hundred metres from the University complex at Dragvoll, on a ridge of land overlooking the city and fjord.

Granåsen er en av de få «lystgårdene» som fortsatt ligger omgitt av dyrkajord. Her ser vi gården fra sør. Den enetasjes vestfløyen er den eldste delen av anlegget
Granåsen is one of the few manor houses still surrounded by crop land. This is a view from the south. The one-storey west wing is the oldest part of the property

Spisestua har et litt luftigere preg enn de to andre rommene, her er det felt med blomsterranker mellom naturscenene
The dining room has a lighter atmosphere than the two other rooms, with its sections of floral vines between the landscapes

Kabinettets romantiske naturscener som bakgrunn for solide borgerskapsmøbler fra begynnelsen av vårt eget århundre
The romantic landscapes in the study form a background to the conventional furniture from the early 20th century

Overlyset på inngangsportalen med Hornemanns segl, to horn flettet i hverandre
Skylight on the entrance gate with the Hornemann's seal, two intertwined horns

Portalen sett innenfra, med lemdørene lukket. De to soldatene flankerer inngangen når lemdørene er åpne
The gateway seen from inside, with the sidedoors closed. The two soldiers flank the entrance when the sidedoors are open

Denne bygningen, var et av de første lyststedene som «tredjegenerasjonsflensburgerne» bygde i Trondheims omegn. Det var generaltollforpakter og kammerråd og seinere kammerherre Gerrit Hornemann som fikk oppført dette paleet på Steindal i Strinda. Han hadde hatt lengre utenlandsopphold, og giftet seg med en engelsk dame. Lerchendal bærer i planløsningen preg av engelsk palladianisme, med loggiaen og den breie hallen innafor. Men ellers kan det ikke være tvil om at Henrich Kühnemann har vært byggmester, det er hans fortolkning av barokk og rokokko som går igjen i fasadeoppbygging og detaljutforming. Hornemanns kone døde i 1772, og enkemannen mistet interessen for Steindal. Han solgte først bygningene og deretter gården. Den danske kommandørkapteinen Christian Lerche kjøpte bygningen og fikk den satt opp på sin eiendom, en husmannsplass like sør for Gløshaugplatået. Han kalte eiendommen Lerchendal. Bygningen er plassert på vestskrenten av et lite platå, med tunet bakenfor. Dette var omrammet av en driftsbygning i vinkel, en sidebygning som Lerche fikk bygd, og et stabbur med Louis-seize-detaljer som den neste eieren bygde. Driftsbygningen er i dag revet. Gården hadde en rekke eiere og funksjoner fra 1820-åra til 1917, da Trondheim kommune innredet nødsleiligheter i

gården. NTH overtok gården i 1959, og har prøvd å gjenskape interiøret i noen av rommene. NTNU benytter nå Lerchendal som representasjonslokaler.

■ LERCHENDAL

This building was one of the first manor houses to be built by the third generation of Flensburgers in the surroundings of Trondheim. It was the chief customs officer, later chamberlain, Gerrit Hornemann, who had this palace built at Steindal in Strinda. He had stayed abroad for a long time and married an English lady. The arrangement of Lerchendal shows typical features of the English Palladian style, with the loggia – a gallery open to the air on one side – and the wide hall inside. However, there can be no doubt that Henrich Kühnemann was the building merchant since it is his interpretation of Baroque and Rococo that reappears in the construction of the facade and the design details. Hornemann's wife died in 1772, wherupon he lost all interest in the estate at Steindal. He sold the buildings and then the whole estate. The Danish commander, Christian Lerche, bought the building and had it set up on his property, a cotter's farm just south of Gløshaugplatå. He called the property Lerchendal. The building lies on the west slope of a small plateau, with the yard behind. It was surrounded by an outbuilding, an annexe that Lerche had built and a storage building with Louis XVI details which the next owner built. The outbuilding was later demolished. The estate had series of owners and functions from the 1820s to 1917, when Trondheim municipality installed emergency flats on the estate. NTH took over the property in 1959, and has made an effort to recreate the interiors of some rooms. NTNU uses Lerchendal as its representative premises.

Fra havestuen åpner fire symmetrisk plasserte dører seg til de tilstøtende rommene. Alle dørene, som er forholdsvis lave, har marmorerte omramminger
From the garden room four symmetrically placed doors open to the adjoining rooms. All the doors, which are relatively low, have marbled surrounds

Hovedbygningen sett fra hagen
View of the main building from the garden

Et av hjørnerommene i annen etasje. Utformingen av rommene kan virke spartansk i forhold til hva vi ser i andre stasbygninger fra gullalderen, men det var ingen holdepunkter for hvordan rommene opprinnelig var utstaffert, da restaureringen pågikk i 1960-åra
One of the corner rooms on the upper storey. The design of the rooms may seem austere in comparison to what is seen in other fine buildings from the golden age. However, there was no basis for how the rooms were originally decorated, when restoration work began in the 1960s

Det originale golvuret i trapperommet
The original grandfather clock on the staircase

Havestuen med de kraftige takbjelkene som bærer golvet i ballsalen over
The garden room with sturdy ceiling joists that support the ballroom floor above

Barokktrappa med sitt marmorerte rekkverk. Golvet er malt i sjakkmønster på golvbordene
Baroque staircase with its marbled banisters. The floor has painted chequered floor-boards

GJESVÅL

Prospekt av Gjesvål med den gamle Orkdal kirke, malt omkring 1820
Prospect of Gjesvål with the old Orkdal church, painted around 1820

Fra stostua mot inngangen. Supraportmalerier er mest sannsynelig utført av J.C.C. Michaelsen. De fleste innervegger i huset er, som i storstua, kledd med glattpanel
From the main room facing the entrance. The headpieces were most likely the work of J.C.C. Michaelsen. Most of the inner walls of the house are, like in the main room, clad with plain panels

Femti km sørvest for Trondheim ligger Gjesvål på et platå ut mot Orkdalen, 150 meter sør for Orkdal kirke. Hvorfor vi tar med denne gården i en bok om Trondheims panelarkitektur er fordi byggherren var en Trondheimskjøpmann, og byggmester med håndverkere kom mest sannsynlig også fra byen. Gården representerer en bygningsform som var vanlig i Trondheim i «gullalderen». Her finner vi både seteritaket, den høye, gjennomgående midtarken, og de frodige og varierte detaljene holdt sammen i en symmetrisk helhet. Henrik Schiødt, kjøpte Gjesvål gård, med 18 bygninger og halvparten av kirka i 1772. Han gikk straks i gang med oppføringen av det nye våningshuset, men flytta tilbake til byen etter kort tid. Etter det som ble fortalt, hadde han forbygget seg. Mest sannsynlig var Kühnemann arkitekt og byggmester, og Michaelsen skal ha levert en del malerier. Midtgangen er gjennomgående, og her må det opprinnelig ha vært trapp til annen etasje. Alle stuene i første etasje var også bygd som gjennomgående rom, og dørene ligger på rekke som de gjør i Stiftsgården. I annen etasje er det doble rom, bortsett fra i den ene enden der det er et langkammers. Gjesvål har vært i samme slekts eie siden 1838.

■ GJESVÅL

Fifty kilometres south-west of Trondheim lies Gjesvål, on a plateau facing Orkdal, 150 metres south of Orkdal church. The reason for including this estate in a book about Trondheim's wooden architecture

Hovedbygningen med det karakteristiske seteritaket sett fra tunet. Sidebygningen er oppført omkring 1850
The main building with the characteristic roof viewed from the yard. The annex was constructed around 1850

I storstua står en etasjeovn og møbler fra annen halvdel av forrige århundre
In the main room stands a towered oven, together with furniture from the latter half of the 19th century

«Børterkammerset» – det borterste kammerset. Golvdekoren er fra Schiødts tid, malt etter forbilder fra patrisierhus i byen. Veggkledningen med sjablongdekor er fra slutten av 1800-tallet
The furthermost chamber. The floor decoration is from Schiødt's time as owner, painted from a design used in urban manors. The wall covering with patterns is from the end of the 19th century

is because the proprietor was a Trondheim merchant, the building contractor and craftsmen were most likely from the city and it represents a building design that was common in Trondheim during its heyday. This building has a roof in style characteristic for the period, the high central arch and the exuberant and varied details, all arranged in symmetrical unity. Henrik Schiødt purchased the Gjesvål estate, including 18 buildings and a half-section of a church , in 1772. He immediately set about constructing the new farmhouse, but moved back to the city shortly afterwards. From what was said at that time, he had acted beyond his means. The middle section extends throughout the building, and there must originally have been a staircase to the upper storey. All the rooms on the ground floor extended throughout the building and the doors were arranged in a row, similar to Stiftsgården. On the upper storey there are double rooms, except for one end where there is a long room. Gjesvål has been owned by the same family since 1838.

Øvretunet med hovedbygningen, stabburet og «rulleboden»
The upper courtyard with the main building, storehouse and outhouse

Spisestua med gyldenlærsstoler fra general Bangs tid, lysekrone og lysestaker har også hørt til på Ferstad i generasjoner. Serviceskapet i bakgrunnen er et hollandsk barokkarbeid
Dining room with gilded leather chairs from General Bang's time. The chandelier and candelabra have also belonged to the property for generations. The cabinet in the background is a piece of Baroque design from Holland

På Byåsen lå de store lystgårdene på rekke og rad: Først Havstein, anlagt i 1772 av Cathrine Meincke Lysholm, med en praktfull hage og utsikt over byen og fjorden. Fra Havstein førte en allé på en snau kilometers lengde til Munkvold, som også hadde et vakkert hageanlegg. Munkvold ble bebygd av Cathrines svoger, generalveimester Nicolai Frederik Krogh, og de må ha hatt et nært samarbeid, for de to gårdene var symmetrisk utformet i forhold til hverandre. Bare noen hundre meter videre fra Munkvold ligger Ferstad, og halvannen kilometer lenger sør kommer man til Kystad, som sønn av veimesteren, Broder Lysholm Krogh, bygde i 1817.

Det var svigersønn av Cathrine Meincke Lysholm, generalmajor Gerhard Bang, som bygde ut Ferstad i midten av 1790-åra. Bebyggelsen består av seks bygninger omkring et øvre og et nedre tun. På brinken ligger hovedbygningen med en høy kjelleretasje mot driftsbygningene. Oppe på platået ligger borgstua vis-à-vis hovedbygningen, mens to nesten kvadratiske bygninger med skifertekte pyramidetak flankerer innkjørselen til inntunet fra nord. Hovedbygningen gir et mektig inntrykk med sine to høye etasjer sett fra det nedre tunet. I kjellermuren er en stor portal med joniske pilastre og et bueformet overlys. Her kunne man ri rett inn, sette hesten på stallen og gå opp trappa. Fra det øvre tunet kommer man rett inn i midtgangen som har doble rom på begge sider: To stuer mot sør, kjøkken og spisestue mot nord.

Bang drev fram Ferstad til et mønsterbruk, han hadde brenneri og mølle, kvern og vadmelsstampe. Han og Krogh bygde eget vannverk til sine gårder, med vannledning fra Haukvannet. Etter Bangs død i 1826 hadde går-

Hovedbygningen sett fra nedretunet. Bak de metertykke murene ligger hvelvkjeller og stall
The main building seen from the lower yard. Behind the metre-thick walls stand the vaulted storeroom and stable

Midtgangen har synlige tømmervegger og rettløpstrapp til annen etasje
The hall has timber walls and stairs to the upper storey

Finstua har et klassisistisk preg med gjennomløpende brystning og de tapetserte veggene inndelt med kannelerte pilastre
The main room reflects a classical style with parapets and wall-papered walls divided into fluted pilasters

den forskjellige eiere. På slutten av 1800-tallet ble det drevet sommerpensjonat på Ferstad, og mange av byens fremste borgere dro hit på sommerferie. I 1917 overtok Gråkallbanen gården og stykket ut villatomter, men det ble satt av 15 mål grunn omkring det gamle tunanlegget. Andreas L. Riis kjøpte Ferstad i 1964, og siden 1976 har det vært utført et omfattende restaureringsog bevaringsarbeid.

■ FERSTAD

At Byåsen there were rows of large manor houses. It was the grandson of Cathrine Meincke Lysholm, major-general Gerhard Bang, who developed Ferstad in the 1790s. The estate consists of six buildings around a lower and upper courtyard. The main building with its two high floors creates a powerful impression when viewed from the lower courtyard. In the cellar wall there is a large gateway with Ionic pilasters and an arched skylight. One can ride straight in here, put the horse in the stable and walk the stairs up to the hall.

Bang developed Ferstad into a model farm, where there was a distillery and he had a grinding mill and a stamping mill. At the end of

the 19th century there was a summer guest house at Ferstad, and many of the city's high-ranking people took their holidays there. Andreas L. Riis bought Ferstad in 1964 and since 1976 there has been extensive restoration and preservation work done to the buildings.

Hovedbygningen sett fra innkjørselen.
Vi merker tydelig de rolige horisontale dragene i forhold til Stiftsgårdens vertikale rytme
View of the main building from the drive. The flowing line of horizontal lines is in stark contrast to the vertical lines of Stiftsgården

Havestuen, også kalt Napoleonsrommet, er det eneste rommet som er bevart i opprinnelig form. Papirtapetet viser slaget ved Austerlitz i 1805 og er framstilt hos Jourdan Villar etter et maleri av Th. Gericault
The garden room, also called the Napolean room, is the only room preserved in its original form. Wallpaper depicts the battle of Austerlitz in 1805, and was done by Jourdan Villar from a painting by Th. Gericault

Lade gård spilte en viktig rolle i norgeshistorien, her satt Ladejarlene og regjerte som småkonger, og det var i en bukt nedenfor gården at Olav Tryggvasson fikk bygd sitt berømte langskip Ormen Lange. Lade er også et hovedverk i norsk arkitektur.

Hilmar Meincke, sønnesønn av han som tok i mot oss på Ilsvika, kjøpte gården i 1809, rev bebyggelsen fra general Wibes tid, og totunsanlegget slik vi kjenner det i dag, sto ferdig et par år etter. «Inntunet» består av den mektige hovedbygningen og to frittliggende sidefløyer, alle i to etasjer med valmtak. Tunet åpner seg mot sørvest mot Lade kirke og adkomsten fra byen. Det u-formete uttunet med driftsbygningene ligger mot nordvest. Her krones låvebygningen av et klokketårn med utsiktspaviljong på toppen. Bygningene er omgitt av en vakker hage med stakitt omkring. Vi kjenner ikke til hvem som var arkitekt for Lade, men forbildet for utforming av hovedbygningen virker nokså klar: Sudbrooke Lodge ved Richmond i Surrey, tegnet av James Gibbs først på 1700-tallet. Dette paleet – som igjen hadde Andrea Palladio's paleer som forbilde, har så å si samme plan som hovedbygningen på Lade: En havestue midt i huset med åpning til en loggia på begge sider. Meincke hadde sine forbindelser i England (blant annet ble det fortalt at han sendte undertøyet sitt til London for å få det vasket), og

Ved den restaureringen som Reitan-gruppen nylig har gjennomført, har man tilbakeført den opprinnelige romstrukturen, detaljer i dør- og vindus-omramminger, lagt trehvite golv og ellers gitt rommene forskjellig karakter ved hjelp av fargesetting og forskjellige stilmøbler

The restoration work recently carried out by Reitan-Gruppen has reverted to the original layout of the rooms. Details in the doors and window surrounds and relaid white wooden floors have given the rooms various characters by means of the different use of colour and various styles of furniture

han må ha studert James Gibbs' «A book of Architecture» der Sudbrooke Lodge er gjengitt. Også vindustypen ble henta fra England, her er det eneste stedet i Trøndelag hvor vi finner skyvevinduer og innvendige skyvelemmer. Sammenligner vi Lade med Stiftsgården, ser vi klart stilendringen som har skjedd: Mens Stiftsgården har sin betoning på høyde og vertikalitet og tett rytme, har Lade rolige horisontale linjer, som også trekkes over fra hovedbygning til sidebygninger og binder bygningene sammen. Den store eiendommen ble stykket ut og Lade er i dag omgitt av bebyggelse på alle kanter. Kommunen kjøpte eiendommen i 1917 og alle bygningene ble innredet til undervisningsformål. Havestuen med de store veggmaleriene som framstiller slaget ved Austerlitz er ført tilbake til opprinnelig utseende, ellers er nesten ingenting igjen av de gamle interiørene. I dag eies Lade av Reitan-gruppen, som har foretatt store oppussingsarbeider etter forbilder fra 1800-tallet og restaurert hageanlegget.

■ LADE GAARD

The Lade estate played an important role in Norway's past, this was the seat of the Lade earls who ruled as petty kings, and it was in the

bay at the foot of the estate that Olav Tryggvasson had his famous longboat built, Ormen Lange.

Lade is also a centrepiece of Norwegian architecture. Hilmar Meincke bought the estate in 1809, demolished the buildings from general Wibe's time and the two courtyards as they appear today were completed a couple of years later. It is not known who the architect of Lade was, but the model for the design of the main building is known: Sudbrooke Lodge at Richmond in Surrey, designed by James Gibbs early in the 18th century. This stately home – which in turn was modelled on Andrea Palladio's palace – has virtually the same layout as the main building at Lade: A garden room in the middle of the house opening onto a loggia on both sides. Meincke had connections in England (among other things it was said that he sent his underclothes to London for cleaning) and he may have studied James Gibbs «A book of Architecture» in which there is an account of Sudbrooke Lodge. The type of window was also acquired from England, furthermore, this is the only place in Trøndelag where sash windows are found. If we compare Lade with Stiftsgården we can clearly see what changes in style have taken place. While Stiftsgården has its emphasis on height and verticality

Havestuen på Lade minner om den på Lerchendal med sine fire symmetrisk plasserte dører. Taket er trukket og malt for å illudere et kassett-tak med utskårne roser
The garden room at Lade recalls the one at Lerchendal, with its four symmetrical doors. The ceiling has been drawn and painted to resemble a cellular roof with carved roses

Inngangsloggiaen med sine kannelerte joniske søyler
Entrance porch with its fluted Ionic columns

Her ser vi forbindelsen mellom inntun og uttun, med den monumentale låvebygningen
View of the connection between the inner yard and the outer yard, with the monumental barn

and intricate rhythm, Lade has tranquil horizontal lines, which are continued into the wings, giving the building cohesion. Trondheim council bought the property in 1917 and all the buildings were refurbished for educational purposes. The garden room with the large wall paintings that depict the battle of Austerlitz have been restored to their original condition, otherwise there is little left of the old interiors. The present owner of Lade, Reitan-gruppen, has carried out extensive renovation work modelled on 19th century designs and restored the gardens.

Hovedbygningen har empirens fortannete gesims og det karakteristiske horisontalbåndet mellom etasjene
The main building has Empire-style pointed cornices and the chararacteristic horizontal band between the storeys

I uthusvinduene er det benyttet «galleglass», den midterste delen av det blåste vindusglasset. I hovedhuset ble det benyttet «kronglass», den ytterste, og flate delen av glasset. Dette forsvant da vinduene ble skiftet i 1880-åra
The outhouse windows used the middle part of blown glazing for its windows, whereas the outermost and flat part of the glass was used in the main house. This glazing disappeared when the windows were replaced in the 1880s

Også interiøret har et typisk empirepreg, med brystningspanel, pilasterinndeling av veggene og fortannet taklist. Her er storstua i første etasje
The interior also has typical Empire-style features, with wainscotting, pilasters dividing the walls and pointed cornice. This is a view of the main room on the ground floor

I 1811 kjøpte Ole Olsen Qvam, kjøpmann, Saxvikplassen, som da var en husmannsplass under Rønningen gård. Han skaffet seg også tilleggsjord, slik at gården fikk et areal på 70 mål. Ole Qvam bygde det anlegget som nå står. Det må ha vært ferdig allerede høsten 1812, altså samtidig med praktanlegget Lade. Saxenborg er en av de minste, men samtidig best bevarte lystgårdene i Trondheim, selv om jorda er stykket ut til tomter og gården i dag ligger inneklemt mellom jernbanelinje og moderne bebyggelse. Gården har tilhørt samme familie siden 1837, da Jacob Johannes Carstens overtok den som lystgård. Jacob Johannes var sønn av en kjøpmann og senator i Flensburg og kom til Trondheim i 1807, bare 16 år gammel. Han gikk i

Porten inn til tunet har en omramming som man tidligere fant på en rekke porter inne i byen. Det er steinarkitekturen som er forbildet
The gate into the yard has a surround which was earlier found on many gateways in the city. It has been modelled on the stone architecture

handelslære hos en av farens forretningsforbindelser og startet selv forretning i 1817. Han handlet med alle slags varer, både kaffe og brennevin, hatter og malervarer. Samme år som han kjøpte Saxenborg ble han innvalgt i byens 12-mannsstyre og han var også partisipant i Rørosverket. Saxenborg er et helt lukket gårdsanlegg, gjennom en lav kjøreport kommer man inn i tunet, en skjermet og fredelig oase. Midt imot kjøreporten danner hovedfløyen den ene lengden i tunet, de lavere sidefløyene inneholder størhus, rulleloft og boder, fjøs og stall med høylem, og rom for tjenestefolk. Hovedfløyen har en typisk trønderlån-plan. Gården ble brukt som landsted helt til 1917, først da ble den tatt i bruk også som vinterbolig. Dagens eiere, Harald og Elisabeth Carstens, har fått Fortidsminneforeningens pris for sitt gode vern av anlegget.

■ SAXENBORG

The merchant, Ole Olsen Qvam, bought Saxvikplasen in 1811. The estate had already been completed by the autumn of 1812, which is concurrent with the splendid Lade estate. Saxenborg is one of the smallest yet best-preserved manor houses in Trondheim, although the ground

«Salen» i annen etasje er det best bevarte rommet i huset. Her er ikke gjort noen forandringer siden bygget ble oppført. Veggene har brystningspanel med fyllinger til underkant av vinduene, og mellom de joniske pilastrene er det glattkantpanel. En gesimslignende taklist med profilerte fortanninger binder rommet sammen

The drawing room on the upper floor is the best-preserved room in the house. No alterations have been made since the building was constructed. The walls have wainscotting with panelling up to the windows, and between the Ionian pilasters there is smooth-edged panelling. A cornice-like rafter with pointed profiles is a binding element in the room

has been parcelled out to plots of land and the estate is now squeezed between the railway line and the modern housing estate. The estate has belonged to the same family since 1837, when Jacob Johannes Carstens acquired the manor. Saxenborg is a fully enclosed estate, access is via a low entrance gate into the courtyard, a sheltered and peaceful oasis. The main wing has a typical layout for the district. The estate was used as a country residence up to 1917, when it was first used as a winter residence also. The current owner has been awarded a prize by the Society for the Protection of Ancient Monuments for his worthy efforts in preserving the property.

Leangen, med hovedinngangen som tidligere var innkjørselsport. Det framskutte midtpartiet med steinimitasjon og fortannet gesims og horisontalbåndet mellom vinduene er karakteristiske empire-elementer
Leangen, with the main entrance that was earlier the carriage entrance. The projecting centre section with imitation stone and the horizontal band between the windows is characteristic Empire-style

Fra Gullsalen mot hallen med Røkerommet og Damesalongen bak. Supraporten er fra Ludvig Musts tid, mens døromrammingen med sitt anstrøk av jugend er formgitt av arkitekten bak ombyggingen i 1916, Hagbart Schytte-Berg
View from the golden room towards the hall with the smoking room and ladies' drawing-room behind. The headpiece is from Ludvig Must's period of ownership in the 1820s, while the door surround, with its touch of Art Nouveau, was designed by the architect behind the rebuilding in 1916, Hagbart Schytte-Berg

Leangen ligger lengst øst på Ladehalvøya i skråningen ned mot fjorden og er med sitt parkanlegg etter engelsk mønster kanskje den vakreste av de gjenværende lystgårdene omkring Trondheim. Ludvig Must var bare 12 år gammel da han arvet Leangen etter sin far i 1798. I begynnelsen av 1820-årene bygde han det anlegget som nå står. Antagelig er en del av det opprinnelige enetasjes våningshuset bygd inn i det hovedbygget Must fikk oppført. Anlegget består av en trefløyet hovedbygning, en sidebygning, driftsbygning, stabbur og lysthus. Hovedbygningen med sitt framskutte midtparti

Det italienske rommet har håndmalte tapeter utført av Jean Zuber & Cie i 1818. Tapetets blå himmel glir uten overgang over i taket. Tapetene skildrer det romantiske livet på Campagnaén, med romerske ruiner i bakgrunnen

The Italian room has handpainted wallpaper designed by Jean Zuber & Cie in 1818. The blue sky of the wallpaper carries over to the ceiling. The wallpaper depicts the romantic life of rural Italy, with Roman ruins in the background

Overalt er brannmurer og ovner utnyttet som dekorative element i rommene. Brannmur i Damesalongen og i Det italienske rommet, begge med Louis-seize-dekor, men i svært forskjellig utforming

Fire walls and ovens are widely used as decorative pieces in the rooms. The fire walls in the Ladies' drawing-room and the Italian room, both with Louis XVI decor, but in contrasting designs

Damesalongen er et lyst og luftig hjørnerom med utsikt over fjorden. Møbler og annet inventar på Leangen er dels overtatt fra tidligere eiere, dels utlånt fra Nordenfjeldske kunstindustrimuseum

The Ladies' drawing-room is a bright and airy corner room, overlooking the fjord. The furniture and other fittings in Leangen have been acquired from previous owners or are on loan from the Nordenfjeldske Museum of Applied Art

hadde opprinnelig gjennomkjørsel inn til tunet. Både hovedbygning og sidebygning er utvendig markante eksempler på empiretidens formuttrykk med etterligning av pussarkitektur, steinimitasjoner på alle hjørner og horisontalbånd mellom vinduene i første og annen etasje. Hovedbygningen har gjennomgått en rekke forandringer opp gjennom årene, blant annet i 1880-åra, da en del av barokkinnredningen fra Vår Frue kirke ble benyttet i innredningsarbeidene. I 1916 ble det foretatt omfattende ombygging under ledelse av den kjente arkitekten Hagbart Schytte-Berg. Blant annet ble gjennomkjørselen bygd inn, og en del av interiørene fikk tidstypiske høye brystningspaneler i forskjellige tresorter. Trondheim kommune overtok anlegget i 1963 og innredet kurs- og representasjonslokaler i hovedbygningen. I de siste åra har det vært lagt ned mye arbeid i restaurering og tilbakeføring av lokalene til mer opprinnelig utseende.

■ LEANGEN

Leangen lies due east of the Lade peninsula on a slope stretching to the fjord. With its parks modelled on the English landscape style it is probably the most attractive of all the manors remaining around Trond-

Leangen sett fra øverst i parken
View of Leangen from the top of the park

Gjennom hagen renner en bekk, og over bekken går en bro. Og bortenfor ligger det vakre lysthuset
Through the garden runs a brook, crossed by a bridge. Beyond lies the beautiful manor house

heim. Ludvig Must was only 12 years old when he inherited Leangen from his father in 1798. In the early 1820s he had the estate built as it stands today. It is probable that a part of the original one-storey farmhouse was incorporated into the main building that Must had constructed. The buildings comprise a triple-winged main building, an annex, an outbuilding, a storehouse and a pavilion. Projecting midsection of the main building was originally the driveway into the courtyard. Both the main building and the annex outwardly exemplify the Empire style with their imitation plasterwork, brickwork on all corners and horizontal bands between the ground floor and first floor windows.

Trappa i hallen , med en seiersgudinne i bronse som bærer to lampetter
The hall staircase, with a goddess of victory in bronze, carrying two bracket lamps

Blåsalen har stukkornamenter i taket, pilastre med joniske kapitéler og en vakker kakkelovn
The Blue Room has stucco ornaments on the ceiling, pilasters with Ionic capitals and an attractive tile stove

The main building has undergone a number of alterations over the years, for instance in the 1880s when some of the Baroque fittings from Vår Frue church were used for interior decoration. In 1916 the driveway was filled in and some of the interiors were fitted with contemporary high wainscotting of various types of wood. Trondheim council took over the estate in 1963 and refurbished the main building as a course and representative centre. In recent years a lot of work has been done to restore the premises as much as possible to their original appearance.

Stueinteriør fra hovedbygningen med karakteristiske detaljer fra 1870-åra: Himlingsbjelker og listverk med maskinhøvlete profiler etter gotiske forbilder; høye og slanke fyllingsdører, brystningspanel og tapet
An interior from the main building with characteristic details from the 1870s: Ceiling joists and panels with machined profiles from Gothic models; high, narrow panelled doors, wainscotting and wallpaper

Mozart-rommet er et praktstykke av panel- listverks- og sjablondekor fra 1880-tallet
The Mozart room is a centrepiece of panelled, boarded and patterned decor from the 1880s

Gården ligger på en høyde midt på Ladehalvøya, og her finner vi både det eldste og det yngste av de byggene denne boka beskriver. Midt på 1600-tallet var det Caspar Schøller, Trondheims rikeste mann, som eide både Lade og Ringve, men omkring 1680 ble Ringve overtatt av en av hans etterkommere, Maren, som var gift med Jan Wessel. Wessel, som kom fra Bergen, var kjøpmann med hus i Krambugata og brygge ved elva, og da han gifta seg med Maren Schøller, ble han også jord- og skogeier. Det å ha sin lystgård og dra på landet i sommerhalvåret, kom først på moten 100 år etter, men Wessel-familien brukte Ringve som sin sommerbolig og bodde i byen om vinteren. Jan og Maren fikk som vi vet mange barn: «døtre seks og sønner tolv, én av dem var Tordenskjold». Om Peter Wessel Tordenskjold ble født i gammellåna på Ringve, vet vi ikke, men trolig ble den oppført av hans foreldre, og at han har lekt her som barn, er sikkert.

Ringve var en storgård, og hadde f.eks i 1819 4 hester, 22 kyr og 24 ungnaut. Det var 10 tjenestefolk og 6 husmannsplasser hørte til gården. I 1853 ble Ringve overtatt av Johanne Cathrine og Richard Knoff. Han var kjøpmann og drev nordlandshandel på egne båter. Han hadde sin forret-

Hovedbygningen som Knoff begynte å bygge og Bachke fullførte, sett fra den terrasserte hagen

The main building that was started by Knoff and completed by Bachke, viewed from the terraced garden

ningsgård på Bakklandet, og her startet han også en mineralvannfabrikk. Ekteparet Knoff satte i gang omfattende byggearbeider på Ringve, det ble bygd fjøs og stall og stor ny hovedbygning. Knoff anla terrasser med henblikk på å kunne dyrke bær og frukt, og plantet sjeldne trær og busker i skråningene. Men i 1875 gikk Knoff konkurs, som mange andre kjøpmenn i Trondheim det året, og med stor bitterhet måtte han la Ringve gå under hammeren. Anton Sophus Bachke, bergskriver ved Rørosverket, kjøpte Ringve i 1878. Det var Bachke og spesielt hans kone Barbara som sto for den endelige utformingen av hovedhuset, og hun fortsatte Knoffs bærdyrking og drev gården som et mønsterbruk. Kjøpmann Christian Anker Bachke kjøpte Ringve i 1917. Han var svært glad i musikk, og giftet seg i 1919 med den russiskfødte – og like musikkinteresserte – Viktoria Rostin. Sammen drev de gården og hadde gartneri som leverte grønnsaker på torget, og sammen samlet de musikkinstrumenter. De ble enig om å opprette et Ringve museum, som både skulle ha en Tordenskjoldavdeling og en musikkhistorisk avdeling. Det store arbeidet med innsamling av instrumenter og opparbeidelse av museet fortsatte Viktoria Bachke etterat mannen døde i 1946, og da hun selv falt fra i 1963, var museet i god gang. I dag er det en av Trondheims store attraksjoner, og et verdifullt element i byens kulturliv. Bygnin-

gene på platået, hvor museet holder til, er omgitt av parken som i dag er Trondheims botaniske hage, som blant annet har en rennessanseavdeling til minne om flensburgeren Christian Hansen Gartner.

RINGVE

Ringve lies on a hilltop in the middle of the Lade peninsula, and this is where we find the oldest and most recent of the buildings described in this book. In the mid-17th century it was Caspar Schøller, Trondheim's richest man, who owned Lade as well as Ringve, but about 1680 Ringve was taken over by one of his descendants.

In 1853 Ringve passed into the hands of Johanne Cathrine and Richard Knoff. The couple initiated an extensive building programme, whereby a cowshed and stable were built as well as a large new main building. Knoff laid out garden terraces for the purpose of cultivating berries and fruit, and planted rare trees and shrubs on the slopes. The merchant Christian Anker Bachke bought Ringve in 1917. He was very fond of music and married Viktoria Rostin, a Russian-born lady who shared the same penchant for music. They ran the estate together, established a garden nursery that supplied vegetables to the market and were both keen collectors of musical instruments. They both decided to establish the Ringve museum, which would have a Tordenskjold collection as well as a music history one. This is now one of Trondheim's major attractions and a pearl in the cultural life of Trondheim. The buildings on the plateau, where the museum is sited, are surrounded by parkland which is now Trondheim's botanical gardens. There is a Renaissance section in the gardens, in memory of Christian Hansen Gartner.

Tre generasjoner på Ringve: Til venstre hovedbygningen fra 1870-åra, i midten direktørboligen fra 1950 og til høyre Wesselbygningen, med den eldste delen som skriver seg fra 1600-tallet

Three generations at Ringve. On the left the main building from the 1870s, in the centre the director's house from 1950 and on the right, the Wessel building, with the oldest part dating from the 17th century

Wesselbygningens svalgang. Det gamle ytterpanelet er beholdt etter at svalgangen ble innbygd

The passageway at the Wessel building. The old, outer panelling has been kept after the passageway was covered in

Neste side: Fra «gårdshistorierommet» i hovedbygningen

Next page: From the estate's history room in the main building

In 1778 one of the largest timber-built residences in the world formally opens at Munkegata in Trondheim. A wealthy lady, Cicilie Christine Schøller, can then invite guests to a grand opening celebration and outshine her friend, Mrs Mølmann, who a few years earlier had a pompous wooden palace built farther along the street. It was primarily these two residences that led to the headmaster of Trondheim's Cathedral School, Laurids Smith, making the following remarks in a letter to a colleague in Copenhagen:

«Among the various causes of destruction to the forests in this district it is reasonable to consider the sumptuousness that has captured the minds of the local citizens, who build palaces of wood instead of plain and simple town houses. We have several residences, built in recent times, of which each one has laid waste a complete forest, and among these lavish buildings is the residence of councillor Mølmann and, in particular, privy councillor Schøller's residence, which is an enormous use of timber.»

Furthermore, there were quite a few trees that had to be felled and shaped for the timber walls, floor beams, roof trusses, floorboards and panels for the privy councillor's palace. With its two high-ceilinged storeys, the residence extended over an area of about 3,000 square metres – equivalent to about 25 standard-sized modern detached houses.

The opening of Madam Schøller's palace, which was later known as Stiftsgården, represents the pinnacle of a period of lavish building work that started around 1760 and culminated with the building of Ladegård in 1811. This period saw the building of all the largest wooden houses in Trondheim – palaces flanking the broad streets – with their high ceilings and more rooms than any previous city houses, and estates with stately gardens and grand avenues in the urban surroundings.

What was it that led to this building activity that broke all the rules of moderation, whose aim was to impress and manifest an excessive lifestyle and status – exactly like the titles one paid thousands of silver coins to decorate oneself with? Where did the people who commissioned the buildings come from, and from where – or whom – did their acquire the money?

We may have to go back to the year 1300 to find a flourishing period and wealth in Trondheim that corresponds to the end of the 18th century. But at that time it was primarily the ecclesiastical Trondheim that was in its heyday. The beautiful cathedral outshone all other buildings, and the affluence was mainly connected to the archbishop, canons (cathedral priests) and the cloisters. The archbishop and his flock were dominant players in the trade northwards from Trondheim to the White Sea in the north-east and westward to the Faeroe Islands, Greenland and Iceland. Ships came from England and Holland to load up with fish and timber and discharged their cargoes of salt and spices, wines and spirits, cloth and silk. There were favourable conditions for trade and crafts. The harbour was densely trafficated and boats crossed the fjord under oar and sail.

Upwards of 3,000 people lived in this little town with its timbered houses along narrow streets and alleys, which stretched along the estuary, from the fjord and up to the cathedral. Along the river lay the quays, side by side, but on a much smaller size and scale than what there is today. The buildings that rose above the low, densely-built town with its turfed roofs were the churches with their white-washed walls and slate, boarded or copper roofs. At the highest point in the city, at the brink of the river to the south, stood the cathedral and the archbishop's residence, then as now, in all their splendour.

But later on, in the 14th century, the city by the Nidelva underwent a period of decline. A major fire in 1328 ravaged most of the city and the cathedral was severely damaged. In 1345 the greatest natural disaster in Norway's history occurred close to the south of the city: a mudslide in Gaudalen claimed the lives of 500 people and had a major economic impact on Nidaros. The Black Death that swept through the city in the autumn four years later, took the lives of the archbishop and most of the canon brotherhood in the Nidaros cathedral, and maybe as much as a third of the local population perished. Later that century the guardians of the young king, Olav Magnusson, decided that the Norwegian market towns should have their own trading areas. Nidaros was allocated the stretch of coast from Møre to Namdalen, but the right to trade in Nordland and Finnmark was awarded to Bergen. This severely limited the trading area granted to Nidaros.

The Kalmar union in 1396 weakened Norway as an independent state. It also had a detrimental effect on the city, despite the fact that many kings were crowned in Nidaros cathedral during the 15th century.

When archbishop Olav Engelbrektsson had to leave the country on account of the reformation in 1537, the city population had fallen to only fifteen hundred souls.

Nidaros cathedral laid half in ruins after a fire in 1531. Many plots of land were laid waste. The city had shed its aura and importance – as an ecclesiastical centre as well as an administrative one.

The thriving trade and craft activities of the medieval period had virtually stagnated. No pilgrims went in procession through the streets on St. Olav's day on their way towards Nidaros cathedral.

How did the city regain its strength ? What legitimate claim could the city have, now that the holy king's golden shrine in the magnificent cathedral was no longer there, and the archbishop's trading activities were taken over by people in Bergen and the Hanseatics? For it is clear that the city is undergoing steady growth as early as the mid-16th century.

When Olav Tryggvasson founded the market town one thousand years ago it was on account of its topographical and geographic position.

Nidelva was the only sheltered and relatively flood-free estuary on the Trondheim fjord. Nidarneset, bounded by the winding river and the fjord, was a natural meeting place for people from the inner parts of the fjord and those from outside. With water on three sides and a narrow strip of land – Nidareid – as the land link, was Nidarneset thus a place to defend in the event of any disturbance arising. A fertile stretch of hinterland that was among the best corn-growing districts in the country, abundant fish by the coast, as well as large forests; all these provided resources for the commercial activities. In addition, there were ancient trading routes overland from Sweden via Verdal and Stjørdal. For the ruling powers it had been important since the time of Harald Hårfagre to maintain a firm foothold in Trøndelag, not only because of the tax revenue from the rich rural districts, but also to command and control the ancient trading routes eastwards and along the coast northwards. It was in the King's interests, whether he was based in Oslo or Copenhagen, to have a loyal business community in one place, thus he granted privileges to the city's merchants.

There were enough merchants to enable the city to progress. From early medieval times merchants had operated alongside the church and the state, establishing connections inland and abroad. They had provided local communities with what they needed concerning goods from outside the district, and made sure that the products they could make in the district found their way to the markets.

From the 12th century Bergen was the major city for importing and exporting goods in Norway, and from the 14th century it was the Hanseatics at the German Office, Bryggen, who supervised most of the Norwegian foreign trade. They kept their dominant position until the end of the 17th century. But all domestic trade to and from Bergen was managed by Norwegian merchants. From the second-half of the 16th century there was a growing influx of immigrant Englishmen, Scots, Dutch and Germans, who ran businesses to and from Norway outside the Hansa towns.

In 1547 Trondheim was given a royal licence for its market town privileges, namely that foreigners could only sell their goods in the city during market time, and trading was to take place at the marketplace. Otherwise, the foreign traders would sell their goods in large quantities to the city merchants. Those who intended to trade in Møre og Romsdal, Trøndelag and Northern Norway had to take up citizenship in Trondheim. But this ruling led to the forming of a separate group of merchants called rural citizens. They took citizenship in Trondheim, and should really have lived in the city, but most of them settled in the districts where production and trading took place. A lot of what they sold was produced in the coastal districts – which was mainly fish and herring, but also a lot of timber.

From a navigational aspect, Trondheim lay in a backwater. With a fair wind it took at least five hours to reach Trondheim from the main shipping lanes. This meant that approaching and leaving Trondheim by sea could be a long detour, which was a decisive factor when it concerned the choice of discharge harbour for stockfish and other goods. To transport timber from Romsdal to Trondheim for onward export was considered pointless when the cargo was bound for Dublin or Amsterdam. As a consequence, many citizens established themselves down on the coastline, but paid taxes and fees to Trondheim.

In the 1580s there is an account of Flensburgers sailing northwards to Finnmark and the White Sea, but this traffic passes by Trondheim. Half a century later, from the first half of the 17th century, there is a steady trickle of people from Slesvig-Holstein, mainly from Flensburg. This influx of immigrants lasted until the 19th century and merchants from the Flensburg district left their distinctive mark on the city by the Nidelva.

Stockfish was the major Norwegian export commodity up to the end of the 16th century. Other export goods were timber and tar, tallow, hides, fur and leather. But developments during the 16th century created favourable conditions for a more diversified trade: In central Europe the exploitation of forestry resources began, causing a growing demand for timber. At the same time gate saws came into use and enabled a rational production of wooden boards and panels. The king renewed his privileges to Trondheim in the 1590s and decided that export from the Trondheim fief, i.e. the district which included Møre og Romsdal, should be administrated by the Trondheim merchants. This, in particular, made it worthwhile taking up citizenship in the city, thereby attracting people with wealth and business connections with foreign countries. The demand for timber was particularly strong in the Netherlands, which had collected timber from southern Norway for many years. Cargoes of timber were also shipped to England and Ireland.

At that time vast shoals of herring approached the coast of Trøndelag, which boosted trade and employment. The rich herring grounds that culminated around 1650, drew many people to the area, and there was a demand for supplies of barrels and salt and the fishermen needed all sorts of equipment that they got on credit from the Trondheim merchants.

When the rich herring catches began to decline in the 1660s, mining operations had started in the Trøndelag. The extraction of copper started at Kvikne in 1631, at Røros in 1644 and at Løkken in 1652. From about 1650 ironworks started up in Mostadmarka. King Christian IV, who had an excessive need of money, was the driving force behind the establishment of several mines, but from the 1670s the Trondheim merchants took an active part in the operations, as investors, suppliers and exporters.

It was towards the end of the 17th century, a couple of generations before the sumptuous wooden house building in Trondheim flourished, that the fertile conditions existed for trade and capital growth. Supported by the royal privileges, the citizens of Trondheim had three solid bases for their commercial activities, viz. the fish in the sea, the trees in the forest and the ore in the mountains. Further, the many foreigners who took up citizenship in the city, were usually in touch with well-established trading houses in Europe. Trondheim was thus introduced to a trading network with branches throughout Europe, and eventually to the New World west of the Atlantic.

Immigrants and their path to riches

We wanted to find out how it was that the Trondheim people in the second half of the 19th century took it upon themselves to outdo each other by building larger and opulent houses, both in the city and in the surrounding estates. We need to delve into the background of those who initiated the building works, and how they had acquired so much capital to employ.

Many of the influential people in the Trondheim trading circles came from Flensburg, an bustling trading town in the duchy of Slesvig. This area was a junction for the northern European trade from the early 9th century and onward through the entire Hanseatic period. Even as late as in the 17th century – when the Hanseatic period is on the wane – there are people from the regions along the Rhine taking up residence in the towns on the eastern side of South Jutland. Some of these use the town along the Flensburgerfjord as a stopover on their journey to Trondheim. The people who immigrated to Trondheim carried with them the age-old traditions of trading. They were flush with capital, backed by merchant houses, and felt at ease in the company of merchants, with their natural sense of belonging to the European commercial trade network.

One of the traders from Flensburg plying the White Sea, who was awarded the right of sea passage from the Danish king early in the 17th century for passage along the Norwegian coast, was Henrik Hornemann. It was his grandson, also called Henrik, who 50 years later came to Trondheim and became a chief officer and one of the city's major merchants. A young man called Hilmar von Lutten travelled to Trondheim in the 1660s for the purpose of learning commercial science at the offices of a merchant from Flensburg who already had a sound business in the city. Hilmar went back to Flensburg after his apprenticeship and established himself as a merchant and councillor in his town of birth. However, it was his grandson, Hilmar Meincke, who became a citizen of Trondheim in 1741. The Meincke family, which had its roots in Westphalia, were members of the social elite in Flensburg, and had no trouble in establishing themselves in the same circles in Trondheim. Likewise for the Mølmann family members, also from Westphalia, that had intermarried with the Meincke family and were prominent citizens in Trondheim in the 18th century. In 1725 Lorentz Lorck, from a family of merchants from Flensburg, took up citizenship. He was chief officer in Trondheim, but it was a younger relation of Lorentz who came to the city in the 1780s and established the merchant house of Lorck, who became one of the richest citizens north of the Dovre.

Henrik Hornemann, who took up citizenship in Trondheim in the 1660s, saw a rapid increase in his wealth when he married the mayor's daughter in 1669. She was the widow of a merchant, and the Hornemann couple established themselves in business at her residence. Henrik Hornemann imported grain, spirits and equipment for the Nordland traders and exported fish and copper. Along with this, he was involved in the building up of the city's own merchant fleet and, in his old age, started Selbu copper mill. He also ran a timber exporting business and had an estate and a sawmill at Gaudal. He left his son, Hans, a financially sound merchant house. At the division of his father's estate in 1719 Hans inherited a fortune of about 35,000 silver coins. When he died in 1764 his capital assets had increased to over 320,000. To augment capital reserves and secure trading benefits it was not only good tradesmanship that counted. It is said that Hans Hornemann made use of bribes and gratuities to the members of the governing bodies so that he could benefit from keeping on good terms with them. He married off one of his daughters to a presiding judge who was 37 years her senior. He forced his other daughter to marry a former employee that he had helped to be a bailiff on Sunnmøre, where Hornemann had interests in the rich fisheries. To keep on good terms with members of public authorities – in Trondheim as well as in Copenhagen – was something that most merchants aimed at, and charitable gifts and family ties were legal tender.

The founder of another trading house in Trondheim was Lorentz Mortensen Angell, who came to Trondheim with his brother and sister in 1653. They came from a farm in Angell, a rural district near Flensburg, and adopted the name of their homestead on departing for foreign lands. Lorentz established the wealth which grandson Thomas would bequeath to his native district. Like Henrik Hornemann, Lorentz Angell acquired extra wealth in marriage – he married the daughter of a merchant from Hamburg who had settled in Trondheim. Furthermore, like Hornemann, he imported grain and exported fish, but eventually became a landowner as well as a co-owner of mines. From 1685 he held 50 of the 180 shares in the Røros copper mill. The fact that he had so much capital tied up that otherwise should have been employed for business purposes, was not really what Lorentz Angell had intended. He endured some difficult years when the sale of copper slumped and he suffered a direct loss on his co-ownership interests. But when he died in 1697 his estate, nevertheless, showed a substantial profit for distribution to 13 children from his three marriages.

Albert Angell, who took over the businesses, was the third son of Lorentz. He had acquired sufficient initial capital by marrying Sara Hammond. In quite a short time he became a major supplier to the copper mill, and when he died in 1705, only 45 years old, he held 21 shares in the mill. In addition, he owned landed property at Helgeland, Strinda and Selbu.

The activities of the merchant house of Angell were carried on by the brothers, Lorentz and Thomas. They were born in 1692, with 11 months separating them. Both were sent to Copenhagen for their studies and in 1712 they took a degree in theology. Along with this they had acquired a background in languages and law. They went on to study in Leipzig, Dresden, Halle and Leiden and did not return to Trondheim until 1720. Their mother died in 1716 and their stepfather a year later. The two brothers received a large inheritance to administrate, as well as having to ensure that the legacy of the brother and sister provided security and a yield. Together with their sister they then held 22 shares in the Røros copper mill and managed the assets from these investments. The two brothers had a lifelong co-operation and proceeded to build up the wealth of the merchant house through the export of copper and timber, and earnings from the landed property. They dealt in money-lending and trade exchange, owned shares in ships and had interests in the trade with the West Indies and the sugar refinery that was completed in 1754. In 1729 Lorentz got married to Sara Collett, who came from an aristocratic family in Christiania, but not for the sake of money, it was said. He bought her jewellery equal to what she had inherited from her father. He also bought reputable titles. Thomas stayed single, and spent his whole life in the company of his brother and sister in law, leading an extremely modest existence. There is nothing to suggest that he was an exuberant man about town, but what he would be remembered for was his skills as a capitalist, who managed to increase the inheritance from his father and grandfather. For 30 years he was the leading co-partner in the Røros mill. Lorentz died in 1751 and, one year later, his only daughter, Karen, married the Danish nobleman, Peter Fredrik Suhm, who had gone to Trondheim for the purpose of marrying into wealth. The Suhms moved to Copenhagen in 1765, taking with them half the share of the Angell fortune. Nevertheless, Thomas Angell left assets of 300,000 silver coins – equivalent to 300 kilos of gold – when he died in 1767. He bequeathed all his estate to the poor and needy in the city.

The Mølmann family also originated from Westphalia and settled in Flensburg. Johan Mølmann was the son of a merchant and chief officer, and took up citizenship in Trondheim in the second-half of the 17th century. He built up his capital during the first-half of the 18th century, married Anna Hammond, thereby becoming the son-in-law of Albert Angell. He ran a universal trading operation and took part in mining and saw mill operations. The substantial family assets reaped a tremendous yield by means of customs administration. Hans Ulrich Mølmann, grandson of the first immigrants, was general manager of the customs and excise service from 1749 to 1758, and received revenue from import and export levies in Trondheim, Kristiansund and Molde. He was also the driving force behind the establishment of Sukkerhuset, a sugar refinery.

Hilmar Meincke, who took up citizenship in 1741, probably had substantial capital backing when, later that year, he married Hans Ulrich Mølmann's daughter. He invested mainly in the Røros works but took part also in customs administration with the brother-in-law. Both the son and the grandson of Hilmar carried on with the business of the merchant house.

Broder Brodersen Lysholm came from Slesvig and set himself up as a trader, holding the grand title of Purveyor to the Court. In 1763 he married the daughter of Hilmar Meincke, and saw his wealth increase considerably, but did not have so much time in which to enjoy it due to his early death in 1772. His widow, Catharina, then took over the businesses. Catharina Meincke Lysholm went into business as a wholesaler and shipowner, and was acknowledged to be an extremely astute businesswoman. She was also deeply interested in culture and was the person behind the wave of large-scale building activities.

Caspar Christoffersen Schøller came to Trondheim from South Jutland with his two brothers, as early as in 1606. He was an officer during the Kalmar war from 1611-13, but did not pursue a military career. All three brothers became bailiffs, Caspar in Selbu, Hans in Orkdal and Eiler was the bailiff for the Bakke cloisters estate. In the scope of their duties as bailiffs they acquired mortgages on estates, and if these were not redeemed, they could take possession of the properties. Caspar's brothers died young, and he took over their properties. He then went on to become a powerful landowner, as well as owning many sawmills. In 1650 he was, by far, the wealthiest person in Trondheim. He fathered 16 children, so his vast fortune was divided into many shares of inheritance. Nevertheless, one of his sons was ranked among the 15 richest people in Norway. A descendant, Andreas Schøller, owned large properties in Gauldal, Selbu and Strinda as well as many sawmills. One of his sons, Stie Tønsberg Schøller, inherited 10,000 silver coins from his father in 1724 and the Leira estate to the south of the city from his mother in 1728. His activities in the sawmill and timber trade were highly profitable and he was also a partner in the Røros works. He married Elisabeth Angell, sister of Lorentz and Thomas, for a substantial dowry. Their two children died in infancy, and Elisabeth died in 1742. Soon after, he got married again, this time to Cicilia Christine Frølich, the proprietor of Stiftsgården. Stie Tønsberg Schøller, who was probably the richest citizen of Trondheim, died in 1769. Christine Cicilie then took over the whole estate. She did not remarry, but had a large manor house built instead.

Many more of the immigrants and their merchant houses could have been mentioned but common to all of them was the fact that they enriched themselves by means of trading operations and other lucrative activities. They had increased their wealth by purchasing estates, investing in sawmills and mines, running various commercial ventures, shipowner operations and money-lending. All these provided them with a sound financial footing, which made them less vulnerable during economic crises. Since they all sought to augment their wealth by marriage they formed family ties among the wealthiest families. The most powerful families also formed connections with senior public officials and officers, and in the mid-18th century we can safely speak of a well-entrenched upper class in the diocese of Trondheim.

The city landscape

Nidaros cathedral still ranks as the biggest and most prominent building in the city, but what other traces are there of the medieval age?

What did it look like when Olav Tryggvasson founded this market town, and is there anything in the city today which harks bark to the first hundred years in the city's thousand years of history?

We can certainly say that particular streets and lanes hold traditions that date back to the medieval urban settlement at Nidarneset, as well as some of the names we discover in the city. But apart from Nidaros cathedral, Vår Frue church and some ecclesiastical ruins that have been preserved below modern buildings, the physical traces of Trondheim's ancient history have been erased in the passage of time.

When we arrive by plane over the city of Trondheim, on the approach to the airport at Værnes, the city centre resembles a Christmas joint of gammon with its chequered pattern below us, surrounded by a meandering river and channels. In ancient times Nidarneset was a much leaner joint of gammon when the king of the sagas made his approach under sail along the fjord. The river was broader, the coastline was 4 metres higher than now and, furthermore, landfills in the sea and river together with the levelling of the terrain have turned the entire peninsula into a rather flat lowland plain – in contrast to the undulating and varied landscape that was here 1000 years ago. In some areas of the city the layers deposited during various cultural epochs are so thick that we stand about three metres above the original ground.

Around the year 1300 the city had 4 long streets running north to south, roughly parallel to the river. These were criss-crossed by east-west facing lanes and thoroughfares. The stretch of land was fully developed as a built-up area. Kaupmannastretet, for instance, was only four metres wide between the walls of the buildings. The streets were paved with timber poles planed on their upper sides. Due south of Mariakirka – now called Vår Frue church – was the square, and between it and the cathedral lived the canons. There also were two cloisters here.

Along the main streets stood most of the city's churches, and there was a large number of them. Around 1300 there are 17 of them mentioned, all consecrated to different saints.

The built-up area was, in the main, arranged on building lots running east to west, that branched off the main streets. Outhouses, warehouses and workshops usually had only one floor, likewise in the hostelry – the only building with a hearth. The dwellings often had two storeys, with a projecting gallery on the upper one. There were lofts with store rooms on the lower floor and bedroom above, and free-standing storehouses. Most of the estates kept animals, so there were barns, stables and hay barns. Down towards the river stood the quayside buildings, which could also have two floors.

The first buildings to appear on the banks of the Nidelva were simple log houses, with their foundations on sunken corner piles. The roofs were covered with turf and birch bark, and the walls were treated on the outside with tar. The building methods and customs probably did not undergo any drastic change through the centuries, and the tarred log houses with turfed roofs were a dominating feature in the city landscape until the 1600s, when the use of outer panelling came into fashion.

But generally speaking the medieval age lasted in Trondheim until the city fire in 1681. When the city rose again from the ashes its appearance had altered dramatically. With the capture of the city by the Swedes in 1658, an officer, Naucler, produced a map of city, and some years before the major fire occurred, a priest, Maschius, produced a copperplate engraving of the city viewed from the east. These two documents provide us with a good reference point for what the city looked like in the latter half of the 17th century.

After the major fire in 1681 nothing remained except ashes, and everything that had been stored in the quayside warehouses, corn and seed grain and fishing equipment, stockfish, hides and skins, was lost in one night. King Christian V sent a few thousand barrels of rye and despatched two generals to Trondheim. The rye was to be distributed to the needy, whilst the two generals, Cicignon and Coucheron, set about surveying the city and making proposals for a city development plan that would aim at preventing any more major fires from happening in the city. At the same time, they were to put forward a proposal for improving the fortifications of the city – it was after all thirty years ago when it had been captured by the Swedes without any resistance. The new plan – sanctioned by the king on 10 September 1681 – did not prevent major fires as effectively as had been hoped, but it gave the city a new appearance and turned it into a fortress city.

The new city development plan took no consideration at all of the property boundaries and the old network of streets, except in the case of Geilan, the approach road from the west. There was one main axis in the new city: Kongens gate. The other main street, Munkegata, was arranged on the south-north axis from the cathedral to Munkholmen. At the junction of the streets a new square was formed, a rectangular area spanning about 100 metres. Along the river, between the quays and the built-up area, Kjøpmannsgata was laid down in two sections, with a steep slope down to the row of quays. These three streets were about 40 metres wide, but the other streets – in a grid system parallel to the Kongens gate, were to have a width of about 23 metres. Munkholmen was developed as a fortress and construction work at Kristiansten – which still stands high on the hill east of the city – was started.

A long time was spent implementing this elaborate plan which included allocating new plots of land, adjusting property boundaries and laying out new streets. When Christian V visited Trondheim in 1685 only half of the city had been rebuilt after the fire. The wide streets were not on all accounts precisely laid out. Christian Hansen Gartner, who was in charge of the development plan, had a tough job getting the streets levelled and the ditches dug. He was involved in the work from the time of the major fire to long into the 18th century. Gartner had a lot of influence over the way the city developed. He was originally from Flensburg, but had served as a landscape designer and gardener at many royal houses in Europe when he was invited to Trondheim in the 1670s by customs officer and commissioner Peder Tønder. He was in the process of building a large estate with a garden of 6000 square metres on a ridge of land to the west at Geilan, directly opposite Hospitalet, and commissioned Gartner to lay out the garden. (The stately home Tønder built was perhaps the only pre-1681 building remaining in the city, until it was demolished as late as in 1961). Christian Gartner married and settled down in the city. He planned gardens of different types, grew herbs and was a dealer in seeds. In 1694 he wrote «Horticultura», the first gardening book to be published in Norway. Gartner was probably the one who got the burghers of Trondheim seriously interested in laying out ornamental as well as utility gardens, which was common practice on the estates of palaces in Europe.

Cicignon's development plan had a major disadvantage – it provided no guidelines for how the large urban quarters should be developed to allow all the inhabitants access to their properties. This resulted in many of the old streets and alleys being unaffected by the new development plan. Today we are glad that this was the case since the medieval patchwork of streets weaves itself into the coarse-meshed net of Cicignon's plan, thereby creating flair and contrast in the urban landscape.

Before 1681 the city had no fire brigade, but people were careful when using fire and the watchmen went on their rounds to make sure this was observed, and alerted the citizens when fires broke out. In 1689 a scheme outlining fire fighting arrangements in the merchant town was introduced as the first attempt at organised fire protection. Each parish was to have its own fire wagon, fire hoses, buckets, fire hooks, axes and ladders. 64 volunteers would serve alongside the watchmen. Mandatory chimney sweeping was introduced and chimneys were subject to inspection. Combustible goods were to be stored at Bakklandet and the use of naked flame was prohibited in the quayside buildings. This scheme had hardly been implemented when further fires broke out in 1708, 1717 and 1788.

From ancient times there were wells on the estates, 6-7 metres deep and lined with timber. The water quality was not always up to standard, sometimes there was a trickle of water from the barns and privies. In 1777 a water supply network was finally installed complete with water hydrants at the street junctions. There were no taps or valves on the appliances , thus the water ran day and night. The water supply network was an obvious improvement in public hygiene as an enhancement to the fire protection organisation.

The streets were dark and gloomy after dusk. Street lighting was not introduced until after 1800, and if one ventured out after dark it could turn out to be quite a surprise. Logs, boards and piles of wood could often by lying in the streets, and in some places it was slippery and one could stumble in the dirt and rubbish. The city's chief of police tried to introduce a rule by which house owners were to be held responsible for constructing pavements and keeping them tidy. The actual streets were the city's responsibility. The task of paving the streets began in the late 18th century, but this work frequently led to discussions arising about who should bear the costs, thus it was not until well into the next century that all the streets were paved and the pavements had flagstones.

This settlement pattern remained throughout the 19th century but with the gradual decline of the high-ranking citizens and the growth of the new middle-classes, larger and more stately properties were built to the west of the city. Two major fires in 1841 and 1842 burnt most of the city north of Kongensgate to the ground, but the rebuilt city with its rows of two-storey wooden houses, stretching along wide cobblestone streets flanked by trees, must have been a lovely sight.

Although there was a lot of building development that not only in size but also in appearance broke with the old building traditions, it was nevertheless this that dominated the city landscape up to about 1960. From then and onward until the conservation movement made its political breakthrough towards the end of the 1970s, there was a dramatic decimation of Trondheim's ancient wooden buildings. There are now only a few wooden palaces preserved in the inner city area.

The development of the buildings

General Johan Wibe came to Trondheim in 1683, as commander-in-chief of the region north of Dovre. One of his many assignments was to implement the building of fortifications, another was to follow up the area development plan of 1681. After the fire in 1708 he was eager to have the plan revised to include more fire breaks set up in the built-up areas. He proposed a decree relating to fire protection by which stone or brick was to be the compulsory building material, but neither the extra fire breaks nor compulsory stone buildings came into effect until the 1840s. The city councillors, who were also owners of estates and house builders, thought that having wider streets serving as fire breaks would steal too much valuable acreage, and to build in stone would be much more expensive than in wood. But one of Wibe's measures was adopted. Along with the proposals for improved fire safety, he drew up plans for houses suited to the economic means of different citizens. All buildings should have a cornice height of 5.7 metres, to enable standard length fire ladders to be used. The plan was based partly on the building tradition existing in Trøndelag and partly on ideas from other regions.

When the building tradition in the region is traced back in time, it is the 3-roomed plan that appears to be the customary design. This type of house had one room that extended across the whole width of the house and two rooms that divided the house up lengthways. The house could be extended by a long room running through the whole building, or a new three-room section. This design of building gave rise to the long farmhouses in Trøndelag that are typical features of the landscape from Dovre to the north.

In the city the normal design of house from the 19th century was one with a passageway or gallery. This was a development of the medieval loft building, which in turn was closely related to the quayside buildings. This type of house was well-suited for narrow and inward stretches of building plots, and the gallery-type house was built in Trondheim right up until the last century.

Beyond the 17th century there was a rising demand for fashionable frontages, and after fires and rebuilding work the long wall was arranged along the street. General Wibe's plan for types of houses introduced the Baroque requirement for symmetry, and many of his plans show houses with a passageway through the middle of the house. The passage has a staircase to the upper floor and doors to the through rooms on either side of the hall. Among the immigrants at the end of the 17th century there were some who brought with them fresh ideas about house design and influenced the style of houses. The new, wide streets also provided inspiration for more fashionable buildings. Furthermore, it grew customary to build cellars, primarily for the safekeeping of assets and provisions in case of fire, and secondly for having a high, impressive foundation wall for the house, with a distinctive staircase to the entrance porch. Most of the large merchant houses that were built after the major fire in 1681 had vaulted cellars with solid iron doors.

Peter Tønder's estate, where Christian Hansen Gartner had designed the garden and possibly been an adviser in the planning of the building, had a frontage stretching about 94 metres along Geilan. The long building consisted of a two-storey middle section and two one-storey wings. The main entrance was symmetrical to the building. This estate is possibly the first time that the Baroque mid-section plan was adopted in Trondheim. Another building on similar lines was the Commander's residence at Munkholmen, built in 1694. This was a one-storey stone building with a slanting roof and a gabled dormer in the middle above the entrance. This house still stands today but without its central dormer.

Seven years previously general Wibe had his house built on the site where Stiftsgården now stands and, assisted by Christian Gartner, he laid out a garden that was the forerunner of the present Stiftsgård's garden. Wibe, who had lived in the Netherlands for three years, based his layout on examples used there as well as from France. The estate at Munkegata was U-shaped, with the opening facing the street. The main building was set back between the courtyard and garden, similar to the French palaces built in the cities in the 17th century. The one-storey buildings that unfortunately can only be seen in these architectural drawings from the early days of Baroque style in Trondheim, have slanting black roofs, decorative walls sectioned by pilasters and high windows with elaborate surrounds. The fences linking the buildings together have marked posts and the wrought iron gates are embellished with ornaments.

From the 18th century and onwards, what happens along the newly-laid, straight streets of Trondheim may be defined as an improvisation on the Baroque style, blended with building methods from the region and traditional layouts, and adapted to the particular shape of plots of land and the wealth of the owner. The city maps from the 18th and early 19th centuries show a desire form the citizens to make their mark on the urban landscape, and to rise out of the anonymity shown in the Maschius engraving from 1674. There are buildings with one or two floors, some houses have a central gabled dormer like Stiftsgården's, others have a curved central section. There are slanting brick roofs and turret-style frontages. In addition, various colours have been introduced to the buildings in the urban landscape.

The log house design and cogged joint technique still reigned supreme. Nevertheless, early in the 18th century in Trøndelag and particularly in Trondheim, the lengths of timber were nearly always clad, first on the exterior walls, but after 1750 on the interior ones as well.

The customary width of houses in the region – the typical farmhouses of Trøndelag – was 5-6 metres. That is due not only to the fact that the logs should be light enough for two men to handle, but also that the beams, which extended from one long wall to the other on the upper floor, would sag if the span were longer. In return, houses could be extended if necessary. But in the 18th century the so-called double room arrangement was introduced in Trondheim, with the load-carrying walls running through the whole house. The walls were arranged in such a way that they formed a deep room extending to the frontage and a shorter one facing the yard.

When the cross walls of a log house were notched with the long walls they formed a projecting corner that was covered in and formed a vertical division of the long frontage. In the course of time, these corner sections were used for decorative work and together with the window placement, they gave the wall a rhythm that could vary from house to house. The vertical division of the facades was specially exploited throughout the 18th century. When the Empire-style made its breakthrough around 1800 the buildings took on a plainer appearance, with a stronger horizontal emphasis. In many cases attempts were made to imitate brick architecture in the shape of the building elements or by colouring.

Inside the houses quite a few of the rooms still had untreated or painted timber walls. In the more stylish rooms the timber walls could be decorated with a vine motif or landscapes. It grew customary to panel the most elegant rooms. Inside the main rooms there were interior walls covered with sacking, and with wallpaper stuck to the sacking. The finest rooms could also have their walls divided into sections by pilasters. This was quite usual in the small urban houses and estates in the district. The floors were constructed from wide pine boards, but in some cases they were painted and were patterned at the ends adjoining the walls. A lot of effort went into the ceilings, which either had their beams showing or had a counter ceiling installed. The finest ceilings were dressed with a layer of thin twigs and straw attached to the joists and then decorated with stucco ornaments. It was also customary to have stucco ornaments on the fire walls and around the stove recess.

It required the skills of master builders and craftsmen to have major building works carried out in the 18th century. Some of them are known by name. A Dutch master mason, Christopher Hempel, planned and built the city hall, which was completed in 1706, and was certainly an inspiration to some of the domestic building through the century. He also introduced the octagonal plan for churches in Norway with his drawings for Hospitalkirka.

More than anyone else, the person who stamps his mark on the wooden architecture of Trondheim and Trøndelag in the 18th century was Heinrich Kühnemann. He was born in Archangelsk in 1711, and was appointed master craftsman in the city's guild of carpenters in 1736.

In 1742 he was assigned as carpenter for the cathedral altarpiece, which now stands in Vår Frue church. In his later years he also made the altarpiece for Bakke church. In addition , he was the architect or master builder of a number of the most prominent buildings in Trondheim, being commissioned, among other things, as architect for Harmonien.

Johan Daniel Berlin is also mentioned as a probable architect of Harmonien. He was born in Memel in 1711 and came to Trondheim as a chief musician in 1737. Along with being an organist in the cathedral, he was a fire captain and in charge of the water supply network. He was an extremely gifted and well-informed person, and certainly had something to contribute to the discussions about new building projects.

The major interior designer as far as stucco work and wall decorations were concerned, was J.C.C. Michaelsen from Flensburg.

People in the city

In 1769, the year when Cicilie Christine Schøller became the richest widow in the city, a census was held that showed that there were about 7,500 citizens in Trondheim. A more precise population count was held in 1801, and by then the number of inhabitants had risen to 8,846. The latter count gives a detailed division into occupational groups that shows us a differentiated and class-divided urban society. The poorest group, those that did not have permanent jobs, was the largest of them all. The major merchants and patricians constituted a small elite, with high-ranking titles and foreign names.

The workers living on daily wages were safe and secure so long as there was work to be found. However, if they had families to support, it would not be a long time of unemployment before hunger was at their doorstep. The normal daily wage was a quarter silver coin, but a cask of herring cost three silver coins and a standard weight (18 kgs) of barley flour cost the equivalent of three days' wages. The maids, apprentices and craftsmen were, as a rule, provided with board and lodging at the master of the house or the foreman's premises. But the wages they received in addition were seldom sufficient for them to be able to start up their own businesses and raise families.

Those who took up citizenship in Trondheim were either merchants, masters of vessels or craftsmen, and for these groups of occupations the prospects for advancement, prosperity and status were brighter. Many masters of vessels went on to become merchants and craftsmen could work their way up to riches.

In the military it was the same system of rank as the present one, and likewise in the public administration, which had grown into a small bureaucracy from the 18th century. From lieutenant and upwards one could mix socially with the upper echelons of society, provided one had the right family name. In the bureaucracy and the teaching profession it could be a question of one being able to afford to attend the social gatherings, since it was customary to invite your hosts on a return visit.

Touring the city streets in Trondheim in the 1780s we would have noticed a vast difference not only between the buildings but also the inhabitants. Most of the people we met would have been wearing garments made of homespun wool and linen, and walking barefoot or in wooden clogs. But others would have swaggered nobly and proudly in colourful jackets, powdered wigs and shiny, black riding boots. Soldiers, officers and public officers went in uniform and wore hats with medallions and gold braid. Some would have passed by in elegant carriages pulled by two or four horses.

The social events arranged by the upper classes became grander and more pompous occasions after 1750 than previously, when one was content with a gathering in the event of a wedding or funeral, or in connection with a royal visit. Various types of pretext were now used for having social gatherings.

Furthermore, royal birthdays were a good pretext for holding parties, as when princess Louise celebrated hers on 30 January 1782. Count Schmettow had invited most of the city's dignitaries, officials and high-ranking inhabitants for refreshments. Those invited met at Mølmanngården on the square at 3 o' clock in the afternoon and were drawn in 70 sledges through the city. The party first went to Schmettow's manor house Leangen for refreshments. Then they went on to Rotvoll -another of Schmettow's estates – where they were welcomed with a salute of cannons and there were serenaded en route by a small orchestra on a sledge which had been specially designed for the occasion. At Rotvoll lamps were suspended along the avenue, the windows were lit up and the company of guests went through a gateway into the courtyard where the name of the princess was lit up in candles arranged inn the snow. Then they went back to the city via Leangen, accompanied by loud music, and up on Bakklandet the people had placed candles in the windows. Back in Mølmanngården they dined, drank and danced until 4 o'clock the following morning.

In such parties as in the foregoing, one sat on chairs imported from abroad, usually upholstered with guilt leather, there was a damask cloth on the table, candles in the chandelier and silver candlesticks. Eating was done using silver cutlery on porcelain plates and toasts were given using crystal glasses engraved with the host's monogram. Theatrical works were often performed or concerts were held in connection with the social events. In the kitchen the servants may have eaten the leftovers from the sumptuous banquet, whilst the other local inhabitants had to make do with porridge, herring and wafers, accompanied by sour milk.

There were, of course, other ways that people gathered than just for parties. Every Sunday one went to church and joined a congregation of both the upper and lower classes, but the aristocrats had their boxes on the walls in the cathedral as well as in Vår Frue church, and in the pews there was also a ranking system.

From the Reformation to the 19th century Trondheim was a provincial capital. All those who had an issue to raise with the state representatives, whether the matter was of a clerical, civil or military nature, had to apply to Trondheim.

The city was governed by the Magistrat, a council composed of a president, mayor and four chief officers. All of these were senior officials of the king, but only the president and the mayor received a full salary, in addition to the extra earnings they made by being the executor of an estate. The chief officers earned slightly below the equivalent of 200 silver coins a year, and ran their commercial businesses in addition. A lot of prestige and influence went with a seat on the council, thus the positions were highly sought after.

In addition to the Magistrat, the city had an institution dating far back in history, known as «the city's 12 men». This assembly was composed in the main of merchants, who were very often in conflict with the council about the apportionment of the city's expenses, taxation rules, etc.

Trondheim made a great leap forward into the age of education when Det Trondhjemske Selskab was established founded in 1760. Its founders were bishop Johan Ernst Gunnerus, principal Gerhard Schøning, and the historian Peter Frederik Suhm. Gunnerus had long had an ambitions of setting up an academy of science on the lines of the French one, and found his ideas supported by Schøning and Suhm. The foundation also found favour in the upper classes of Trondheim, among whose members it was the customary thing to read books and conduct discussions of an erudite nature. The city was renowned for its vast collection of books, having got its own printing works some ten years earlier. Schøning and Suhm gained access directly to the upper class circles through marriage – Suhm to the daughter of Lorentz Angell, and Schøning to the sister of the wealthy Mrs Mølmann.

The scientific society was the first of its kind in the country, and got off to a good start with the three founders, who issued scientific theses on a regular basis. In 1767 the statutes were granted royal approval and it was given the name that it still has today: *Det Kongelige Norske Videnskaber Selskab,* (The Royal Norwegian Scientific Society). The society had a lot to say for the city as well as the whole country, and in many ways may be considered the first expression of the desire for having a Norwegian university. Research and administration were its main objectives.

In 1767 the city had also got its own newspaper, *Kongelig allene priveleg. Tronheims Adresse-Contoirs Efteretninger,* now known as Adresseavisen.

By the late 18th century Trondheim had most of the institutions and infrastructure that characterises a city, viz. Mayor, police chief, fire chief and state physician, schools and hospital and social institutions. However, there were vast differences among the local people, and this was easier to notice in the building environment than at the start of the century.

The life in the town

Right up to 1814 the Norwegian cities were ranked equally from a political aspect. The Royal Copenhagen was the centre of power for the twin states. It was, primarily, the volume of trade that determined the size of cities. In the census conducted in 1801 Trondheim and Christiania recorded virtually the same population count, but Bergen was larger than the other two put together. The capital turnover of the three cities was divided proportionally, but there are grounds to believe that the economic power in Trondheim was in the hands of a fewer individuals, because some of the high-ranking dignitaries in the city by the Nidelva were among the wealthiest citizens in Norway. At the start of the 19th century Trondheim reflected an air of optimism and there was an expansion in trade and shipping activities. However, the war years of 1807-1814 with blockades and the bad years of crop failure, unleashed a period of economic crisis and widespread bankruptcies. Not until the years approaching 1830 did the signs of growth appear. The split with Denmark, the union with Sweden and movements towards a more democratic society, were obviously crucial factors in the city's development. Other merchants than the old Flensburgers took part in the trading activities, and the prosperity and purchasing power was enjoyed by more than just a few select members of society. The city continued to develop and during the rest of the 19th century it underwent transformation: The municipal council became a governing body in the life of the city; industry was reorganised; fresh industrial companies and new institutions were established, and connections with the outside world were greatly improved with the opening of the rail link to Trondheim in 1870.

LITTERATURLISTE

Ida Bull: *Thomas Angell, kapitalisten som ble hjembyens velgjører,* Thomas Angells Stiftelse, Trondheim 1992

Axel Christophersen og Sæbjørg W. Nordeide: *Kaupangen ved Nidelva,* Riksantikvarens skrifter nr 7, 1994

Rolf Grankvist: *Nidaros kirkes spital 700 år,* Trondhjems Hospital 1277-1977, F. Bruns Bokhandels Forlag as, Trondheim 1982

Lars Fasting: *Trondheims Bybilde 1976,* Trondheim Kommune 1976

Tonte Hegard: *Fredede hus og anlegg 4, Sør-Trøndelag,* Universitetsforlaget 1986

Guthorm Kavli: *Trønderske trepaléer, borgerlig panelarkitektur nordenfjelds,* J.W. Cappelens forlag, Oslo 1966

Kerstin Gjesdahl Noach: *Et byggemiljø, Trondheim 1800-1850,* Fortidsminneforeningen, Oslo 1975

Knut Mykland: *Trondheims Historie, bind 3, Fra Søgaden til Strandgaten 1800-1880,* Universitetsforlaget, Oslo 1997

Olaus Schmidt: *Den slesvigske indflytning til Trondhjem paa 1600- og 1700-tallet,* Norsk Slektshistorisk Tidsskrift, Oslo 1931.

Steinar Supphellen: *Trondheims Historie, bind 2, Innvandrernes by 1537-1800,* Universitetsforlaget, Oslo 1997.

The Golden Age of Trondheim – Gullalder 1760–1860

Utgitt med støtte fra:
Trondheim kommune og Reitangruppen

ISBN 82-91399-05-0

Alle henvendelser om denne bok rettes til:
ARFO, forlag for arkitektur og kunst
Fauchaldsgt. 1, 0365 Oslo
Faks: 22 56 57 11

Foto på s. 7, 14, 22, 38, 42 og 46 utlånt av Universitetsbiblioteket i Trondheim
prospekt på s. 8 og 12 utlånt av Vitenskapsmuseet i Trondheim

Omslagsfoto: fra Stiftsgården
Bakside: Typisk kjøpmannshus fra Strandgaden, nå Olav Trygvassons gate, ca 1850, utlånt av Byantikvaren i Trondheim
Foto på side 1: Leangen gård

Design: Roberta Luciani

Trykk/repro: a.s Joh. Nordahls Trykkeri, Oslo

Takk til:
Lars Fasting, Radek Doupovec, Marco Haakon Pannaggi
og alle som åpnet sine dører for fotografen